文字の導火線

小池昌代

みすず書房

文字の導火線　目次

人と人の間に、釣り糸をおろして

草をわけ、声がいく

灰だらけの希望に

無が白熱する迫力

煙草を吸う子供

人と人の間に、釣り糸をおろして

今、ここの「あなた」を認める　中井久夫『こんなとき私はどうしてきたか』

精神科医である著者が、精神医療に携わる人々を対象に行った、講義内容をまとめたものである。様々な患者に対応する方法、病棟運営のヒントなど、長い臨床経験のなかから著者がつかんだ生きた智恵が、実に具体的にわかりやすく語られる。

その場になってみなければ、自分がどうするかさえわからないというのが、新しい経験を前にしていえる唯一のことだ。ことに精神医療の現場というのは、予想外の事件の連続なのではないかと、わたしには思われる。

しかしここに書きとめられた一つ一つは、驚くほど普遍的で、少しも特殊な事例に対処したものとは思えない。組織のなかで働く人々、子供を育てている親たちなど、あらゆる人間が関係する場所に、あてはまると思われるものばかりだ。

著者は一方で詩を愛する人であり、ギリシャ語の詩の翻訳でも知られる。言葉の力を信じる人は、言葉によって、人間の精神が変わることを知る人だ。

たとえば、突然、精神に異常をきたし入院した患者に、まずかけるべき言葉は、落ち着けでも、病名の宣告でもない。「あなたは一生に何度かしかない、とても重要なときにいると私は判断する」という状況説明だという。
あなた＝病気という気づきを促すのではなく、まずは、あなた＝あなたであるということを患者につき返す。これははっとする指摘であった。あなたはあなたでいい、そのあなたであるあなたを、わたしは今、ここで認め、抱きしめますよという、意志の表明といっていい。この前提を欠く、治療や人間関係のなんと多いことか。

人間にとりついた異常なものとして、病理そのものだけに注目し、それを切除すればいいという考えはここにない。病いを包含した人間の、存在丸ごとを見ていこうとする態度がある。

病者であれ、子供であれ、どんなときにも、相手への尊厳を失わずにつきあっていこうとする、人間への信頼と恐るべき忍耐力。ここに描かれた病者たちとは、どこかにいる他人のことではない。ある日、あるときの、わたしたちのことなのだ。人間とは何かを考えるポイントが、この一冊に、無造作にばらまかれている。

（医学書院、二〇〇七年）

密やかな「喪」の作業にある崇高さ　リディア・フレム『親の家を片づけながら』

いつまでもいると思うなと言われても、親というものは、実際に死ぬまで死ぬとはなかなか思えないものである。葛藤があり、鬱陶しくはあっても、死なないでほしいと子は願う。その心は極めて身勝手なもので、つまりは怖い。自分をその源からずっと見ていてくれた人を失うことは、自分自身を失うことでもあるからだ。

本書は、両親が死んだ後の、空っぽになった家を一人娘が片づけるという話である。著者は精神分析学者。筆致は軽くさりげない。両親亡き後いかに生きるかといった、説法めいたところはなく、片づけるという、極めて日常的な一つの作業が、具体的に淡々と綴られていく。

おたおたし、うんざりし、驚き、狼狽する自己をさらけだしながら、両親の過去に、静かに没入していく娘。その密やかな「喪の作業」には、読者を慰藉する不思議な崇高さがある。まだ親を失ったことのないわたしも、本書を読みながら、その作業に参加しているような気持ちになった。

片づける——実に面倒な作業である。多くの人は、別に親が死んだわけではなくとも、日々、この作業を強いられている。片づけること＝生きること。つまり生きるということのなかには、すでにして、緩慢な「喪の作業」という意味があるのかもしれない。わたしたちは、常に何かを失い続けながら生きていく。そしてそのたびに、生き直していくのだろう。

両親が残した膨大なモノは、残すか贈るか売るか捨てるか。実践よりも、この分類から一つを選び決定するという、そのことにまず神経は消耗される。

そうして残された資料のなかから、両親の強制収容所体験が浮かび上がってくるところは痛切だ。彼らは生前、そのことについて、ほとんど口にすることなく死んでしまった。両親が失った言葉を取り戻すこと。それは著者が親の死によって新たに獲得した「書くことの意味」であった。

この本は、読者の心にも喪失の穴をあける。だが読み終えたとき、その中心から、わずかに溢れてくる光を感じた。

（友重山桃訳、ヴィレッジブックス、二〇〇七年）

母との愛憎を描いた壮絶にして菩薩のような本　佐野洋子『シズコさん』

シズコさんとは、著者・佐野洋子の亡くなったお母さん。この母娘、ある時期は虐待という言葉も飛び出すほどに、そりが合わない難しい関係だった。その母も、数年前、九十三歳で亡くなった。最後は、手厚い看護の老人ホームに入っていた。著者には、金で母を捨てたという意識があったようだ。

文章は母だけでなく、剃刀のような知性を持っていた父のこと、父の友人、亡くなった兄弟、そして弟の嫁や親しんだ叔母など一族に及んでいくが、自分自身を含めた家族の姿が、容赦のない公平な目で描かれる。誰か一人に肩入れするということがない。大根一本、突き出すように、悪意も善意もなく、例えば十本ある箸のふきかた一つで、父母の性格、立場の違いを生々しく伝える。うわっと思う。驚いてしまう。

こうした本で、「内容」よりもその「表現」に、まず目を奪われてしまうことに、わたしはかすかな疚《やま》しさを覚えるが、この書きぶりには圧倒された。長女・佐野洋子は、もう七十歳になるおばあさんだというのに、今も、強い光を放つ、野性の目をもった少女のようだ。いやこの文章は、本当にその少女が書いたのかもしれない。

父の帰宅する時間になると、鏡台の前で白粉《おしろい》をはたき、口紅を「ムッパッ」とつけたという逞しい母。七人産んだ。三人死んだ。老いて呆け、母娘の間には許しの時が訪れる。だがこの本はその地点も越え、もっとはるかなところまで、読者を連れていく。もうすぐに、そちら側に行くと著者は書く。みんな朦朧となって、やがて死ぬんだよ。わたしもそうだ。そんなあたり前が深くしみてきて、心がすーっと軽くなる。

　本書には一箇所、母の変容と重ねあわせて、戦後の民主主義に対する呪いのような疑念が書き付けられてあった。「忍耐と従順をうばった」ものとして。わたしは、ハンマーで頭をなぐられたように、はっとした。わたしたちが何をなくしたのかという、「あの問い」に、この一冊が、身体をはって答えているように思えたからだ。

　誰もが本書に、自分と家族を重ねて見るだろう。壮絶にして菩薩のような本である。


（新潮社、二〇〇八年）

優雅に、果敢に、柔らかく　やまだ紫『性悪猫』

　二十年ほど前、「ラ・メール」という、女性の書き手を応援する詩の季刊誌があった。そこでわたしは、初めてやまだ紫の漫画を読んだ。「猫」と女性と子供が登場し、毎回、心に食い込んでくる、絵と短い言葉が書き付けられてあった。

　本書に収められた作品のうち、冒頭のいくつかは、「初出不明」となっているが、わたしはその「ラ・メール」誌上で見たような気もする。ともかく実に久しぶりに彼女の作品に触れたわけだが、懐かしいという言葉はそぐわない。作品が、今なお新鮮に、鋭く心を打ったからだ。

　やまださんの漫画は切実である。こちらの感情が、思わぬところでゆらりとゆれる。画面の空白が効いていて、その白が、読み手の空虚や空漠のようなもの、鬱屈や哀しみを柔らかく包み込んでくれる。包み込みはするが、掃除機のように吸い取ってくれるわけではない。自分の内なる空漠から、むしろ目をそむけないようにと促される。「誰に癒してもらえるわけもない。空漠を抱いて生きていくのさ」。そんなことを、この、人のような猫はつぶやいているように見える。

果敢な漫画である。ああ、わたしもこんな猫になって生きたいものだ。優雅な虚しさを身にまとい、ひらりと翻り、爪をたて、雪を見あげたり、床下の暗闇で、嵐を見つめ雷を聞き、時には「抱いてよ」などと、人の胸に、砂粒を投げるように、ぱっとつぶやく。

「天空」という作品は忘れられない。畳の上に、見開かれた本。その空白の頁に近づいていく白い子猫。頁に転写された自分の影を見て、子猫は、いきなり「蒙古の空だ」と思う。遥か――蒙古の空だと。

身の内を見れば、どの女もひっかき傷だらけ。おそらくそうだ。そんな内側が、いきなりめくれあがって空へと融ける。心の深部を慰藉されて、つーっと涙が湧いてくるが、それは、哀しみの涙ではない。

（小学館クリエイティブ、二〇〇九年）

人と人の間に、釣り糸をおろして　杉林稔『精神科臨床の場所』

本書は精神科医である著者が、患者と向き合う時間のなかで「のびやかに」考えた足跡である。

「臨床」を、治療する者と患者という二者が対する場としてでなく、相互が浸透しあう空間と考える基本姿勢がある。治療という言葉からイメージされる、一方的なものはここにはない。この治療者＝著者は、まるで患者に魅せられているようだ。だがわたしはそんな著者に魅せられた。

読んでいると、実にふしぎな身体的共鳴がおこる。著者が患者に「見入る視線」を、どこかで模倣するよう、たえず誘惑され、その模倣は、いつしかわたしの身振りとなり、わたしの内へと浸透する。そのとき、著者は透明になり、わたし自身が、今度は著者の向こう側にいる患者たち＝わたしにとっての見えない他者、もしかしたらわたし自身であるかもしれない他者たちに吸い込まれていく。治療者と患者間の共鳴に似たものが、本を通して読者とのあいだにも、おこるのである。

人が人を治療したりケアしたりすることについての、極めて倫理的で本質的な姿勢が示されている一冊だが、読み進めるに従って、「臨床の現場」が、あらゆる人と人の「関係論」として、目の前に開けてくる。

「顔は倫理である」は、レヴィナスの「顔」をめぐる考察とも共鳴する一章だが、そこで著者は、患者の顔を、一度は凝視すると書いている。口ほどに物を言う「眼」には、言葉に置き換えられる様々な情報が現れるが、著者が見るのは顔そのもの。そして見るほうも眼では見ない。「顔が顔を見る」。それは、「顔と顔とが照らしあう」ことであると。

ここに著者は、「面ざし」という言葉を重ねている。患者の「面ざし」に治療者である自己を開くとき、「もの」として眺められていた患者は、「こと」としての存在を開示する。

顔の底から、存在の気泡が、泡立ちあふれてくるような興奮を覚えた。患者と治療者の顔がなじむ、

「顔なじみ」という言葉も記されているが、そうか、顔がなじむとは、そういうことだったかと、ここでもまたわたしは、支柱をゆすられたように驚いた。この本は、そうした類の、深く静かな驚きに満ちている。

「時間」の概念から、臨床及び病者を考えた後半には、生きるヒントがそこ彼処に。例えば子供がぐずっているとき、「子供の行為をあやすのではなく、子供がおちいっている底無しの時間をあやす」のだという言い方をしている。ああ、と真実につきあたった感触がある。これは単に「文学的」な言い回しなどではない。人と人との間に、注意深く釣り糸をおろし、何かを長く待ち続けた人の、力強い知恵であり、生きた言葉である。

「臨床」、「場所」、「顔」や「慎み」……。本書の中にある多くの言葉が、読後、新たな相貌で、立ち上がってくる。ふしぎなことだ。文学作品ではない本書によって、わたしは言葉の新しい価値を知った。

（みすず書房、二〇〇七年）

もし、わたしたちがあの時代を生きたら　半藤一利『15歳の東京大空襲』

戦後、六十五年が過ぎ、当時を生き延びた少年少女たちの多くは、今、七十歳を超えている。あの敗戦を経験した人の多くは、意外にもそのことを語らない。語るとしても、そこには重い沈黙がはさまる。あまりに悲惨な経験だった。わかってもらえないという無力感もあったかもしれない。この本の著者も「ほぼ五十年近く、三月十日の空襲の夜の、やっと生命をひろった話をだれにもしませんでした」と書いている。「危険をものともせずに生きぬき、そしてそのとき腹の底から感じた生甲斐のようなものは、戦争そのもののあやしげな魔力と結びつきやすい」とも。だからこそ本書には、これだけは言っておかなければならないのだという、冷静な迫力がこもっている。

開戦当時、著者は国民学校の五年生。本の最初のほうに、悪ガキたちと肩を組んで写っている写真がある。みな、いがぐり頭で、いい笑顔。お国の勝利より、メンコに夢中。そんな子どもたちを、じりじりと戦士にしたてていった時代。「戦争によって人間は被害者になるが、同時に傍観者にもなりうるし、加害者になることもある」とあるが、読んでいると、その恐ろしさが身に沁みてくる。

半藤少年は、その後、府立七中（現・墨田川高校）に進学。昭和二十年の三月に、東京に残った父親と、暮らしていた向島の地で大空襲にあう。戦時下でのほのかな恋の思い出、「坊ッ」と著者を呼びながら、負け戦であることを見抜いていた父親、その浮気（？）の顚末など、少年の目を通して、当時の日々が、健気に、ユーモラスに記述されていく。それにしても、当時の若い人々の頭脳と身体が、学問でなく軍事教練に使われたということ。なんて無駄な、馬鹿げた浪費。憤怒の心が湧いてくる。そういうことを強いられた半藤さんたちの世代が、戦後社会を、どれほどの努力で生き抜いたか。この本は、読者に、戦争というものについて考えさせるだけでなく、戦争を経験した世代へ橋を渡し、さらには、世代を超えて、人間性とは何かという問題にまでわたしたちを連れていく。

日本本土爆撃の総指揮をとったというC・ルメイのことなど、無知なわたしが本書で初めて知ったことは多い。本書をきっかけに、さらに知りたいこと、知らなければならないことが増えた。

（ちくまプリマー新書、二〇一〇年）

わたしたちの伝記　清水眞砂子『青春の終わった日――ひとつの自伝』

みずみずしい自伝を読んだ。著者は『ゲド戦記』の翻訳者として知られる。構成がみごとで、冒頭の一行から、小説のようにひきこまれた。

「思いがけない時、思いがけない場所で、遠い過去がふいに閉じていた口をかっと開けて、襲いかかってくることがある」

なんと激烈な過去だろう。凶暴なイキモノのような過去。著者はそのような自分の過去に、ナイフをもって挑んでいく。ナイフとはすなわち言葉である。自分の書く言葉で、自分に切りつける。自分ばかりではない。親も兄弟も。本書には、その結果、流れた血の痛みがあるが、その血はよそよそしくなく、とてもあたたかいものであり、わたし自身の血かと、見紛うものである。わたしはいつのまにか、この本を、わたし自身のことのように読んでしまっていた。多くの読者が同じ気持ちを抱くかもしれない。かけがえのない個人の歴史。だが本書はそれを突き抜けて、わたしたちの自伝と呼びたくなるほどの力をもっている。

北朝鮮での幼年時代。敗戦の混乱に巻き込まれながら、三十八度線を越え、五人の子供を連れて（そのなかに著者もいた）日本へ引きあげてきた両親。「ひとり残るときはみんな残るとき」と後年、母は語ったという。

川を渡ったときのことが記されている。その記憶は、三十八度線突破のときのものだったとあとになってわかるのだが、そのとき著者はわずか四歳。大きな川ではなかったという。だが、「向こう岸まで行くのはとても大変なことに思われた。と、ふいに誰かがうしろから私を抱き上げてくれたのだ。朝鮮人のおじさんだった……」

このとき、「両脇に感じたごつい手の感触と安心感」を、「半世紀をこえてくり返しよみがえってくる」ものだと著者は書いている。わたしたちの自伝と呼びたくなるのは、例えばこういうところである。同じ経験をしたということではない。わたしもまた、そのような手の存在に、救われてきたのではなかったかと思うのである。そして思わず、自分の記憶を探る。

子供の世界が、とても鮮やかに描かれているのも本書の魅力の一つである。戦後の貧しさのなか、諍いがあっても、気高く、心優しく、好奇心一杯に、日々を生きていた子供たち。傷ついたこともたくさんあった。例えば、ヤギを売ってしまったお母さんを、空気銃で撃とうとした兄のこと。可愛がっていたヤギだったのに。母は謝らない。兄の怒り、哀しみも抑えられない。世界がこわれる！　と著者は思った。「あれほどに大泣きしたのは、あの時が初めてで最後だった」と。

そうして、丁寧にすくいあげられていく記憶のひとつひとつが、翻訳に取り組み、若い学生たちに真摯に向き合う、現在の著者にまっすぐに繋がる。離婚、そして一人暮らしを始める著者を、わがままと家族が責めるなか、M兄は言った。「おまえたちはそう言うが、眞砂子はこれまで一度だってわがままだったことはないぞ」。ここでもまた、読者は自分に言われたような気がして胸が一杯になるだろう。

（洋泉社、二〇〇八年）

翻訳と人生　北御門二郎『ある徴兵拒否者の歩み――トルストイに導かれて』

北御門《きたみかど》という、一度発音したら不思議に忘れられない魅力のあるこの名字を、わたしは本書を読むまで知らなかった。十七歳のとき、友人の家でトルストイの『人は何で生きるか』に出会い、心震わせたこの人は、どうしてもその文学を原文で読みたくなって努力を重ね、以来、二〇〇四年に九十一歳でこの世を去るまで、自ら「トルストイ翻訳のために生れて来た」と書くほどトルストイの文学に心血を注いできた。そんな彼の半生が綴られたのが、このたび再改訂・復復刊された本書である。

彼の翻訳は、原文への逐語的なこだわりよりもその精神の移植に意識が注がれ、「心訳」などと表現されることもある。驚くのは、トルストイが、この人の人生すべてに多大な影響を与えた点だ。優れた自伝には、自伝でありながら、「我」を離れる瞬間がある。本書の読みどころの一つは、二十世紀に、このように己を通した人間がいたという事実が、当時の状況を含めて生々しく語られた点。表題にもある「徴兵拒否」は、彼を語るキーワードの一つだが、今の時代、この言葉が妙に美しく響きすぎることをわたしは懸念する。

当時、北御門の家族は怒り、動揺し、母親などは、「この私がお前を逮捕する」とまで言い出した。

良心的兵役拒否という概念すらも成立しない時代で、徴兵拒否は侮蔑され投獄され命を奪われかねない行為だった。彼の場合は「病人」として処理された。熊本の徴兵官が「じゃ、君は兵役には無関係とする」と言って、格別の仕打ちもなく、証明書一つをさらりと簡単に出したこと。わたしには非常な驚きだったが、このあたりの彼の複雑な心情は小説を読むようだ。

「抗う精神」は、彼の人生に、その後、誤訳論争を呼んだり、激しい実篤批判となって現れたりもした。トルストイと精神的な関わりを持ったはずの武者小路実篤の戦中の言動を取り上げて、本書のなかで強く批判している。どれもこれも、トルストイへの深い愛情から発したもの。

一方で、あからさまには書かれていないけれども、ハルビン留学以降、北御門を支えてくれた彼地の女性、エンマ夫人へのかすかな恋情も読み取れる。読んでいくうちに、戦争と平和、文学と愛という主題が、トルストイの小説とだぶってくる。文学が、人間の生涯を、その運命を激しく変える。このことを文字通りに生きた彼の一生。「トルストイに関する教科書を書くことよりも、トルストイを愛してもらえるための書物が書きたかった」と、彼は初版まえがきに残している。遠い時代の話だろうか？　いや彼は、確かな種を今もまいているのだと思う。この本を通して、多くの見えない読者の胸に。

（みすず書房、二〇〇九年）

被爆したワンピースに　石内都『ひろしま』

『ひろしま』において、この写真家は、被爆した遺品を撮っている。広島平和記念資料館に保管されていたものだという。

撮られたもののほとんどは、死者たちの着ていた衣服である。なかでも、女のひとや女の子供の、防空頭巾、ワンピース、ブラウスやスカートに目がとまる。

くしゃくしゃになり、ちぎれ、裂かれて変色した布には、よく見れば、焦げた部分もあり、黒い雨によって穿たれたと思われるしみあとや穴がある。

着ていた者は、亡くなった。衣服はぬけがらであることによって、それをまとっていた人間の肉体を、逆にありありと感じさせる。

撮影のため、下から上から、光を当てられた服は、自らの「からっぽ」を痛々しく暴露しているが、その内側には、まだ魂が、薄くはりついているかのようだ。

じっと見ていると、その服から、静かな「意志」のようなものが浮かび上がる。そこには服を着ていた本人のみならず、戦争を風化させまいとして、遺品を残し保管し続けている人の、透明な意志までもが付着しているように見える。

どんな惨事が広島で起こったのかを、わたしたちは知っている。けれどわたしはそのことを、ここで声高に叫ぶ気持ちにはなれない。言葉を捨て、なおも見詰めると、烈しい裂傷の向こう側に、服がまだ幸福だった頃の、本来の姿が透視される。

かわいらしい小花のプリント、ハイウエストの愛らしいデザイン、そのレトロな色、斬新な柄。あの一日の閃光と爆風をあびさえしなければ、過ぎ去った時代の空気をまとう魅力的な古着にもなりえたそれが、さあ、わたしたちの、本来の美しさについて、どうぞ語ってよ、なぜ語らないの、語ってくれないの、と挑発する。

被爆したワンピースは、わたしのものであったかもしれない。そして同時に、その裂傷を、自分が作ったものではないと、誰が言えるだろう？

もはや被害者も加害者もない。この写真集の前に立つとき、わたしたちは、自らの罪のようなものについて考えることになる。

（集英社、二〇〇八年）

東京ヌード　中野正貴『TOKYO NOBODY』『東京窓景　TOKYO WINDOWS』

二冊の写真集について書いてみたい。一人の写真家が「東京」を、それぞれ異なる視点から写したものだ。

『TOKYO NOBODY』には、タイトルどおり、誰もいない東京が写されている。古いもので十八年前、最も新しいもので八年前の東京。いずれにしても、世紀末の風景ということになる。

巻末を見ると、一月に撮られたものがとても多い。正真正銘、人がいなくなる、お正月に撮ったものなのだろうか。なかには光や空気の触感に、早い朝を感じるものもある。そういう特殊な状況下では、確かに誰もいない瞬間が出現するだろう。だがごく普通の日の白昼でも、この都市には、偶然、人が払われてしまう、神事のような隙間があるのではないか。

人も車もいない首都高速の道路。何秒か、凝視する。すると、がらんとした道路の向こう側から、一台の車が現れるような気配がある。その後ろから、もう一台が。さらにもう一台が……。そうして車が、どんどん増えていって、いつもの混み合った首都高になる……はずなのだ。

もう一度、写真を見る。そんなことはない。写真は相変わらず、誰もいない首都高を写し出しているだけだ。不安になる。不安になって、さらに見つめる。向こうから現れるのは戦車なんじゃないか。戦争が始まるんじゃないか。そんなものはどこにも写されていないのに、写されていないからこそ、次々と妄想が引き出されていく。

人はどこへ行ったのか。死んだのかもしれない。避難したのかも。とても静かだ。この静けさが、事後のものであるのか、事前のものであるのか、わたしにはよく、わからない。

もう一冊の『東京窓景 TOKYO WINDOWS』は、窓が切り取った東京風景だ。例えば港区のイタリアンレストラン。窓の手前に、脚を真上に向け、逆さになったテーブルや椅子が積み上げられている。その隙間から見えるのは、ビル、首都高、車、東京湾と橋。

わたしたちは、道を歩くとき、空を眺めながら、樹木を見つめながら、その風景のなかに、一部分として存在する自分を感じている。だが、窓枠はそうした関係を遮断する。これらの写真で、風景を見つめる「わたし」は常に窓の内側におり、見ている風景から除外されている。窓の内から、外をのぞき見る目、それは引きこもりあるいは隠遁者あるいは囚人あるいは死者の眼であり、実は東京は、そうした視線によって作られている（ような気がする）。動いているのは常に窓の向こう側で、窓のこちら側はけっして動かない。定位置＝カメラ＝死んだものの世界。窓を通してなにかを眺めるとき、わたしたちは自然に、あの世からこの世を眺める視線を獲得している。

写真集を見ながら、わたしはこうして、被写体よりも、視線そのものにとらわれることになった。いずれの本でも、タブーを小さく破ったような、罪の意識が刺激される。普段は見ない、見てはならないものを、見てしまった感じがあるせいだろうか。ここにあるのは、裸体としての東京。生殖器をも備えている両性具有の都市、東京。わたしたちは、日毎夜毎、東京の空虚で膨大な穴のなかへ、吸い込まれ、吐き出され、生きている。TOKYOの顔のないBODYと、きりのない生々しい交合を重ねているのである。


（『TOKYO NOBODY』リトルモア、二〇〇〇年／『東京窓景』河出書房新社、二〇〇四年）

川のなかの目　　中野正貴『TOKYO FLOAT』

東京は、がらがらと音をあげて変わっていく都市だ。だから、というわけでもないと思うが、目前の風景にノスタルジックな気分がわきおこることがある。今なのに懐かしい。どういうことか。確かになじんだ風景の激変は、記憶の喪失であり、人間の神経に傷をつける。わたしたちは、まるであらかじめ傷ついておくというかのように、東京の今をすでに過去のものとして眺めているというのか。

確かに街路樹一本をとってみても、わたしは、その木が十年後もそこにあることを信じていない。樹木がそうなのだから、建物に関してはもちろんである。みんな近いうちに消滅するのだなという思いが、常に視線の裏側にある。そうして見る東京の現在は、蜃気楼のような空漠を映し出す。川の水面は、その空漠を映す鏡である。

本書は東京の水辺、川の風景を写したものだ。すぐに気づくのは、尋常ではない視線の低さ。橋の「裏側」が写されている。通常、ひとは、橋の上から川面を見下ろす。けれどここには、そういう態度はない。

咄嗟に思ったのが、一九四五年三月十日、東京の下町を襲った大空襲の日のことだ。少年だった父と、父の父、つまりわたしの祖父は、当時、迫り来る火の手を逃れ、追い詰められて川のなかへ飛び込んだ。川面にも火の手はあがっていた。二人は竹筒を水面に出し、体を沈め、かろうじて息をしながら生き延びたらしい。彼らが川から見たかもしれない風景が、この写真集に不意に重なった。

普通に生きている限り、そんなアングルから世界を見ることは不可能である。つまり、ここにある写真の多くは、生者が本来持ち得ない、「川のなかの目」によって作られている。河童の目、踏み込んで言えば死者の視線だ。そして水は、生を浸食する暗い輝きに満ちている。

『TOKYO NOBODY』『東京窓景 TOKYO WINDOWS』で、この写真家は、深いところから、あっと声のあがる瞬間を提示した。何かを一瞬にして喪失したような、取り返しのつかない烈しい感覚。わたしもかつて、あんな風景を見たと思う。だがどこで見たのか。本当に見たのか。わからない。それなのに見たと思う。見たはずもないのに見たと感じる。そのときわたしはこの世のものでない、死者の視線を借りている。

本書にある風景も、喪失という強い光のような観念によって、かろうじてここに写し出されているように感じる。風景も、人が死ぬように消えてなくなる。その、なくなった未来から、わたしは写真のなかの風景を眺めている、と思う。今、生きているわたしが、その風景のなかに送り返されていく。風景はもはやないのであるから、風景のなかのわたしも、もはやいない。この写真集を見るとき、わたしはすでに死んでいる者のようである。見る者の目は、穴となる。静かな戦慄が、水面に広がる。

（河出書房新社、二〇〇八年）

小さな意識改革　富田玲子『小さな建築』

心に響く、不思議な題名を持った本である。小さな建築。ここからすぐに連想したのは、人間的な空間ということだった。大きな提唱がなされているわけではない。けれど静かに読み進めるにしたがって、わたしたちは小さな意識変革を求められる。あるいは現在、暮らしていくなかで、うすうす感じていた不安や危機感を、改めてここで確認することになる。

わたしは今、都心に住み、今年小学校にあがる子供を育てているが、時々理由もなく不安になる。ただ、人間的なスペースとスピードで気持ちよく暮らしたいだけなのだが、東京は、そういう悠長さを待ってくれない。空間の画一化は暴力的だ。狭い土地に異様にひょろ長い似たような家が建つ。はめ殺し窓の超高層ビルも年々増え続けている。景色はよいだろうが、あれほどの高層に住むということを、わたしはうまく想像することができない。激変する東京の町並み。いつもいつも工事をしている道路。うまく何かで隠されていても、空間には無数の傷がついている。そんななかで暮らすわたしたちの神経も、同様に損傷を受けていないわけはない。

著者のいる象《ぞう》設計集団が設計した、埼玉県宮代町の笠原小学校では、教室が住まいと考えられている。そこで子供たちは裸足になって遊ぶ。「あいまいもこ」と著者たちが呼ぶ、半屋外空間が豊富にあって、そこは「子供たちの……動きや気持ちを吸収したり触発する、スポンジのような空間」である。柔らかいものとか生き物などの自分より弱いものが身近にある環境を作ってあげるほうが、犯罪を防げるのでは、と著者は言う。そして暴力に対しては、力でなく、柔かさで対応していく知恵が必要だと。

わたしは下町の木造家屋で育ったが、今もその家が夢に出てくるし、わたしの感受性のほとんどは、あの木の家が作ったのではないかと感じる。空間は生きている。生きている人間が作るのだから。どんな建物を造るときにも、人間をどかさず中心におく。その当たり前のことが、今の日本では難しいようだ。どこから考えていけばよいのだろう。足元から、今の暮らしから、考え直してみるほかはない。

（みすず書房、二〇〇七年）

木のひと　幸田文『木』

近所に住む人が、倒木を見に来ないかと誘ってくれたことがある。台風で、アパートの前の木がなぎ倒されて出入り口を塞ぐようなことになっているという。不自由な様子なのに、その人は面白がって、倒れてなお、緑の葉を豊かに茂らせているという、その木のことをうれしそうに語った。すぐにわたしも見に行った。倒れたときの重く澄んだ音が、見ているだけで心に広がって、木のようにわたしも無口になった。無口になって、倒木を見下ろした。

木が好きだ。木が好きだという人間も好きだ。そして木について書いた本も好きだ。幸田文の『木』は、時折、読み返す本の一つである。没後に本にまとめられたが、生前は、丸善発行の『学燈』という、極めて地味で堅実な雑誌に発表された。連載時期が、昭和四十六年から昭和五十九年と、十年以上の長期にわたっている。しかしいま、わたしたちの読む文庫版は、意外なほどの薄さである。幸田文、六十七歳から八十歳にかけての、晩年の澄み渡った傑作である。

読むたびに残るのは、「ひのき」の項だ。木の内にある、性質の悪いゆがみを「アテ」というが、それを救えない欠点とばかりに決め付ける木材業の人に、幸田文はくってかかる。「そんなにけなしつけるとは、あんまりひどい」と。そして「アテ」を持つ、ゆがんだ木を、実際に挽く（製材する）ところを見せてもらう。刃を当てれば、反り返って反抗し、コンベヤをはみだしてあばれる木。木と刃の凄まじい戦いのなか、やがて、裂けてしまった材の、「ちいさく裂けたほうが裂目を仰《あおむけ》に向けて、ごろんと、ころがった。その場がしんとした。一斉におごそかな空気が包んだ。たまらなくて、裂けたもののそばに膝をついた。自爆したみたいな、その三角に裂けたアテは、強烈な、檜の芳香を放っていた。（後略）」

ああ、木は生きている。生きていて、まるで人間の頭蓋骨のように、ごろりと転がり、静まって死んだ。
樹木というものは静かだが、それを見る人間の心の内は、必ずしも静かなものではない。日常のなかで、沸き立ちながら、何事もなかったかのように、消えて鎮まる荒々しい感情を、この作家は、ほんのひととき、惜しい、というようにひきとめる。繊細だけれども繊細すぎず、ほどをよく知る、たくましい手で。

幸田文の端正な文章には、いつも、思いのほか濃い感情が、海の波のように、低く高く、揺れ動いている。その生々しさが、わたしは好きだ。

わたしの実家は材木商だったので、小さいころから、木のなかで（といっても、丸太や製材後の木だけれども）育った。木の匂いのなかで、といったほうがいいだろうか。扱っていたのが杉と檜という、日本古来の木材ばかりだったので、今でもそれらには兄弟のような親しみを感じる。わたしもまた、木の仲間なのだという、小さな自負心のようなものさえある。酸っぱいような、薬臭いような、檜の清冽な木の香。むかし、家に遊びに来た友達が、そんな匂いに慣れないせいか、臭い、臭い、と言って、わたしは傷ついたものだった。

幸田文自身、花というより木のような作家。慎ましやかで、粘り強く、ここぞというときに、枝葉をぱっと自在に伸ばす。そのようにこの作家が「己」を出すとき、わたしはいつも、鋭い刃物の切っ先で胸をつかれたようにあっと思う。文章に気持ちの「ため」があるので、よけいに、その一瞬が鮮やかで哀しいのだ。

（新潮文庫、一九九五年）

この世を眺める方法　安田登『ワキから見る能世界』

前から気になっている言葉の一つに、「成熟」というものがある。時を経て、モノや人に深みが出てくることを表した言葉だ。意味はわかる。わかっているつもりなのだが、その真髄が、どうにもつかみ切れなくて、もどかしさを感じる。案外、難しい言葉だなあと思う。

自分のことを振り返れば、子供も産んで、いい年なのに、どこかまだ、娘気分で生きている。豊かさと平和など、社会の変化すべてが、いつまでも青年っぽい現代人を作っているのだろうが、そんなわかりやすいものなのだろうか。ひとに成熟を促す機会というのは、現象だけ見れば、ある種の不幸や事故、事件である。そういうとき、ひとは人生の暗闇をのぞき、ある深みを獲得する。現代においては、その機会が、地震などの天災をのぞけば、一様でなくランダムであり、しかも見えにくいということはあるかもしれない。せっかくその機会が訪れても、あえて目をそらし、成熟を拒んでいるようにも思える。成熟とはある意味では、かっこ悪いことなのだ。

わたしは詩を長く書いてきた。詩を書く行為はふしぎなものだ。時間の物理的な堆積に抗い、その意味では、成熟という概念をはじきとばしてしまうようなものがある。四十八歳のわたしが書いていても、九歳か十歳の頃の自分が書いているようにも感じられる。いや、正確には、誰がそれを書いているのか、よくわからない。古からの死者たちの、無名の怨念や気のようなものが、わたしを出口として、噴き出しているのかも、という思いもある。むしろ、そうあれ、と願う気持ちだ。そこには「わたし」が詩を書くのではないという、自分を無化する作業があるが、無化の過程を成熟というのなら、成熟とは本来、進化である。老いた能役者の立ち振る舞いには、同じように、単なる時間の堆積としての成熟をふきとばす荒々しい静けさがある。成熟には他者が、さらにいえば死者の存在が必要なのではないだろうか。

前置きが随分長くなったが、このようなことを、安田登『ワキから見る能世界』を読みながら考えていた。この本は、単にお能の演目について解説したものではない。お能という一つの「世界装置」を、人間の生き方に照らし合わせながら説いたものだ。能では、いわゆる主役がシテであり、ワキは舞台の脇で、じっと黙っていることが多い。著者は死者の霊が出てくる「夢幻能」を中心に、能とは、ワキが旅に出て異界でシテという幽霊に出会うものであると語る。詩を書く行為も、ワキとして世界を見ることに他ならないのだと気づかされた。

愛する者が死んだり、いわれない中傷をあびたり、思いもよらぬ罪を犯してしまったりと、人生の深淵は、思わぬ所に口をあけている。それを覗いたとき、人は自らを思い切り、漂泊の旅、自己空洞化の旅に出る――そうしたワキ的生き方を探り、その旅へと読者を誘う本書には、淵から火口を覗くような、清冽な危険さがある。能を語って能から離れる、その自在さが魅力的だ。幽玄とは、生の深みのことなのだろう。

（ＮＨＫ生活人新書、二〇〇六年）

演奏すること、生きること　藤原義章『リズムはゆらぐ』

ここ数年、真夏の海に行くようになって、波動ということをしきりに考えるようになった。波の持つ、あのリズムは、決して機械的でなく、均一なものではないが、繰り返しと緩急があり、人間の生きる体内リズムと響きあい重なりあう感覚がある。まさに、地球のゆらぎといってもいいものだ。

そもそもなぜ、波がおこるのか。地球の自転や風の流れが関係していることなのだと思うが、あらゆる「歌」というものは、あの大いなる自然のリズムを母胎として生まれてくるのではないかとさえ思う。

この本は、二十年近く前に刊行された、演奏法についての音楽書だ。タイトルどおり、いかに自然と調和した、官能的な演奏が可能かを探ったものである。わたしたちは、音符の長さを忠実に守り、そのとおり弾くだけでは、どうしても気持ちのよい演奏にならないことを知っている。著者はこの矛盾を、リズムにはゆらぎがあるという観点のなかにとかしこみ、具体的な演奏のヒントをあげていく。

音楽は時間でできているものであり、時間とは、わたしたちの生の総体である。演奏をしないひとにも、読み方によっては、生き方の質が変化するのではないかと思われるヒントが、そこかしこに隠れている。

たとえば「休符」についての面白い言及がある。休符とは音楽を休止することを指示する記号ではないとある。どういうことか。それは「音符と同じように時間の長さを規定する記号」なので、休符のあいだも音楽は休みなく続いている。休符とは休んでいるわけではなく、黙っているだけ。「実は

「黙符」とでも呼ぶべきものなのです」と。

そして著者は、ほんとうの休符を、フェルマータのほうに見いだしている。フェルマータ、音符を長く引き伸ばす（とわたしは思い込んでいたが）あれです。この記号がついているとき、拍はカウントされない。だからフェルマータは、黙符（従来の、休符）の上にもつけることができるとある。

いま、わたしたちは、様々な場面で、人間と人間の対応関係よりも、人間と機器との対応関係に習熟するように仕向けられている。例えば、駅の自動改札、銀行の自動支払機、あるいはパソコン・携帯電話の普及等。機器のリズムは、こちらのリズムを考慮しないので、わたしたちが、機器の持つ均一なリズムのほうに合わせるということになる。二重奏やカルテットのように互いの波長を合わせながら調和へと至る道筋を探るのが音楽のよろこびだとすれば、現代は、探ることすらも、あらかじめ封鎖された、反音楽的時代に見える。

都市生活の独特の疲れは、人の多さ、自己を取り巻く空間の狭さとともに、この均一リズムへ合わせるようにと無言のうちに要請されるところからも来ているような気がする。

ああ、忙しい、時間がほしいと思うとき、意識される時間は、例えば締切りのような一点から逆流して換算された、「あと何分、あと何日」とカウントされる質のものだ。意識はひとつの終わりに向かって、ひたすら水平にうごき、わたしたちは、短い呼吸をはきながら「あせっている」。

そのようなときにあって、もし、今この一瞬に、垂直に意識を落とし込むことができたら。言ってみれば、「ゆっくりいそぐ」という時間感覚で生きられたら、わたしたちはもう少し、自然に生きられないか。あせるのは、均一で水平な時間感覚についていけないとき、そのきしみとしてあらわれてくるものだ。限られた生を生きるからこそ、わたしは自然のリズムに、ひととき乗り、寄り添って生きたいと切に願う。音楽は、たとえ「独奏」の形をとるものですら、本質的には自然との「共演」なのではないだろうか。

（白水社、一九九〇年）

海のリズムに育てられて　三木成夫『海・呼吸・古代形象』

この本の著者、三木成夫という人に触れる前に、その人を知るきっかけになった、詩人・思想家の吉本隆明についても書いておきたい。などと、いきなり書いてみたものの、実はこの人の詩や論考を、わたしは深く知らない者である。薦められて読んでみた主な著作も、難しくて、理解したとはとても言えない。わかったような気分になったものもないわけではないが、本を脇に置けば、水を飲んだみたいに抜けてしまって、少しも身の内に残ったためしがない。しかしそれなのに、わたしはこの思想家に対して、親しく敬う感情を抱いてきた。人生の叡智のひとかけらを、深く潜めて持っているような、そんな「匂い」をこの人に嗅いだからである。

例えばこんなことがある。どの本であったか忘れてしまったが、人間は根本のところで、早々変わりはないのだから、どんな人も、今まで人が営々とやってきたようなことは、普通に経験してみればいいという、さりげない奨励が書き付けてあったことを記憶している。出産というのも、そのなかにあった。

郵便はがき

料金受取人払郵便

本郷支店承認

3967

差出有効期間
平成25年3月
1日まで

113-8790

東京都文京区
本郷5丁目32番21号

みすず書房営業部
行

505

通信欄

（ご意見・ご感想などお寄せください．小社ウェブサイトでご紹介させていただく場合がございます．あらかじめご了承ください．）

読者カード

・このカードを返送された方には，新刊を案内した「出版ダイジェスト」(年4回3月・6月・9月・12月刊）をご郵送さしあげます.

お求めいただいた書籍タイトル

ご購入書店は

・ご記入いただいた個人情報は，図書目録や新刊情報の送付など，正当な目的のためにのみ使用いたします.

（ふりがな） お名前　　　　　様	〒
ご住所　都・道・府・県　市・区・郡	
電話　（　　　）	
Eメール	

・「みすず書房図書目録」最新版をご希望の方にお送りいたします.

（送付を希望する／希望しない）

★ご希望の方は上の「ご住所」欄も必ず記入してください.

・新刊・イベントなどをご案内する「みすず書房ニュースレター」(Eメール配信・月2回）をご希望の方にお送りいたします.

（配信を希望する／希望しない）

★ご希望の方は上の「Eメール」欄も必ず記入してください.

・よろしければご関心のジャンルをお知らせください.

（哲学・思想／宗教／心理／社会科学／社会ノンフィクション／教育／歴史／文学／芸術／自然科学／医学）

（ありがとうございました．みすず書房ウェブサイト http://www.msz.co.jp では刊行書の詳細な書誌とともに，新刊，近刊，復刊，イベントなどさまざまなご案内を掲載しています．ご注文・問い合わせにもぜひご利用ください.）

子供を生むということを考え始めると、人はかならず、生まないほうへいく（とわたしは感じている）。だから考えるなというのではなく、考えても、最後は、からっぽになって力みをとらなければ、子供なんか生めないだろう、と思うのである。今までたいていの人がやってきたんだからという、路地裏のお産婆さんみたいな彼の言い方は、わたしにはとても新鮮だった。まっ、迷っているなら、いっちょ、生んでみっか。というわけで、ガスが抜けて、生んでみたという、わたしの場合は、その程度のことでしたが。出産って。

さて、三木成夫は、その吉本氏の本のなかでたびたび言及されていた解剖学者で、胎児と人間の進化、生命の形態や「こころ」に関して、卓抜な研究をなした人として知られている。

人類の祖先は、えんえん、古生代中期の魚類にまで遡ることができるというが、胎児というのは、母親の胎内で、受胎後、三十二日目から一週間の間に劇的な変身をとげ、その間に、かつて人類がなしとげた進化の過程を、ものすごい勢いでたどるのだという。

水中から上陸をはたし、魚類から爬虫類、哺乳類と進化していった頂点に、わたしたち人間がいる。「だから海水浴はかれらの遠い故郷への里帰り」なのだと書いている。誰もが記憶の古いところを、つんつんとつつかれたような思いを抱くのではないだろうか。

わたしも子供を生み、その子を連れて、ここ何年も、夏の海へ行っている。泳げないので浮くだけだが、海とはつくづく、原初的な空間だと畏怖している。

海のリズムと生命の記憶を重ねあわせて綴られていく本書は、読むというより、共鳴の体験だ。自分の体内に、海の響きを探すこころみだ。

著者自身の、さりげない経験から、書き起こされている箇所が多いので、学術書の息苦しさはない。なかでも、妻の乳がはって、母乳を吸う羽目になった三木氏が、その深遠なる味について書いている箇所は、忘れられない。ここに引用はしないけれども、読みながら、文章からお乳を吸い、わたしが赤ん坊に一瞬、回帰した。

表紙には、バリ島の「マンディ」と呼ばれる水浴の写真が使われている。内容ともまっすぐに繋がるものであり、見ていると、これもまた、心の非常に深いところから、次々と湧き出してくる懐かしいものの感触がある。

（うぶすな書院、一九九二年）

アフリカ世界の深奥部へ　カプシチンスキ『黒檀』

なにげなく読み出し、目を見張った。本邦初訳の、初めて見る著者によるアフリカレポートだが、単なるルポとだいぶ違う。

工藤幸雄さん（本書の完成を見ずに亡くなられた）を始めとする三人の訳者の功績も大きいと思うが、文章にすばらしい引力がある。

巻末の「解説」によれば、著者・カプシチンスキは、もちろんわたしが知らなかっただけで、多くの著作を持つ、世界的には非常によく知られた人。長くジャーナリストとして仕事を為し、五十四歳のとき初めての詩集を出した。三年前に亡くなったが、アフリカのみならず、いわゆる「第三世界」

への関心が一貫してあった。本書は、一九五八年から始められたアフリカ取材の「総括的著作」とのこと。もっとも著者は、次のように書いている。

「アフリカ――とわれわれは呼び慣わす。だが、それは甚だしい単純化であり、便宜上の呼び名にすぎない。現実に即するなら、地理学上の呼称はそれとしても、アフリカは存在しない……」。しかし本書の端々には、これがアフリカなのだという記述が表れる。アフリカの多様性、複雑性を、棒のように貫くイメージがある。タイトルの「黒檀」はその代表だろう。

アフリカの民の、黒く力強く輝く「顔」のことを言った比喩だが、同時に繰り返されてきた残酷な殺戮や内戦など、「悪」を見えなくしている漆黒の夜のイメージでもあろう。見えなくしていると、今、書いたが、わたしたちが、見ないできたということでもある。

それを教えられたのは、「ルワンダ講義」と題された一篇から。唯一、「ですます」調で訳され、カプシチンスキの、これだけは伝えておかなければという、切実な肉声が聞こえてくる。ツチとフツは、なぜ終局的な対立に至ったか。この文章から、わたしが学んだことは多い。

アフリカの国々の多くが多民族国家であるにもかかわらず、ルワンダは単一民族であること。だからツチとフツの対立は民族間の争いでなく、カースト（階層）間の闘いであったこと（家畜の群れを持つ富裕支配層がツチ、多数派のフツは農民層で、もともとツチに隷属していた）。ツチとフツの激烈な対立は、二十世紀半ば、民族独立運動の機運が高まりつつあったアフリカにおいて、ドイツからルワンダの植民地支配を割譲されたベルギーが、独立運動の矛先をそらすために行ったごまかしの政策に基を発していること……等々。

その後、ここにはフランスも介入してきて、事態は複雑さを増し、やがて一九九四年の集団殺戮へと突き進んでいった。著者は書いている。

「アフリカの多くの戦争は、目撃証人なしに、人知れず、だれも足を踏み入れられない場所で、外に音が洩れることなく、世界のあずかり知らぬまま、あるいは世界からただ忘れられたまま、行われるのです」と。

サッカーのワールドカップなどを観戦していると、フランスチームにはアフリカ人が多いな、などと思うくらいで、今、平成の日本にいて、アフリカのことを考えるという機会は、わたしの場合、ほとんどない。しかし本書を読んでいると、その遠い地図上のアフリカが、確実に立ち上がって身の近くに来る。

悲劇的な殺戮、貧しさ、飢餓、子供らの教育など、あふれるアフリカの問題を拾い上げる一方、本書には、人々の持つ深い宗教性、永遠に繋がる時間性や、漆黒の夜に隠された怖ろしい魔術性、底抜けのユーモアも書き付けられてある。巨大なごきぶりをはじめとする甲虫や蚊の恐怖、灼熱の地に無言でころがる小石、犠牲者の死体を食らって太ったウガンダの怪魚……。生物、無生物の細かな表情を伝える描写は、感覚に訴え、鳥肌がたつほど生々しい。

アフリカ世界の深奥部へ、略奪という形でなく侵入した一人の欧州人。その柔らかで強靭な肉眼。

（河出書房新社、二〇一〇年）

生々しい顔、顔、顔　ジョナサン・トーゴヴニク『ルワンダ　ジェノサイドから生まれて』

アフリカ中央部のルワンダで、一九九四年に起こった集団殺戮。その際、惨い暴行を受けて妊娠し、出産した多くの女たちがいる。本書には、そうして生を受けた子供たちと母の肖像が収められている。写真の傍らには、一人一人の母親が語った生々しい記憶の記述があって、人間は（この場合、男は）、そこまで残虐になれるものかと、読んでいると次第に胸が塞がる。

しかし写真には未来というものが写っていた。子供たちのことだ。皆、歳のころは十二、十四あたりだろうか。思春期の瞳の美しさが、見た者の胸をまっすぐに射貫く。笑っている子は一人もいない。ここにあるのは、それぞれの「実存」を強く感じさせる、生々しい顔、顔、顔。

「毎日、毎晩、別の男が私にセックスを強要しました。誰にも暴行されずに夜が明けたときは驚きでした」。虐殺はほぼ、百日間続いた。男たちはほとんど殺され、女たちのなかでも、こうして子を生んだのは、生き残った、ということ。なぜ、あのとき死なずにこうして生き残ったか。それには理由があるはずと、ある女性は思う。それをたとえば、「命を育てるため」などと、簡単に言葉で表現できるわけもない。子供を愛せないと言う母親もいる。産んだあと、赤ん坊を泣くままに放置していたという母親もいる。一方で、生まれた子供があまりにきれいだったから、あるいはその子が自分の唯一の家族だからと、自然に愛することを始める女もいた。

みな葛藤し苦しみながらも、だんだんと生まれ出た子を引き受けようとするのだ。誰の子供であるか、誰が父親であるかということを、女は常に世間から問われる。しかしこの事例のように、誰かわからないという悲劇がある。たとえ相手がわかっていても、そのひとに愛され、愛したわけではない。しかし子は生まれてくる。産道を通って。そこに愛情が芽生えてくるという事実に、わたしは人間の尊厳と奇跡を見る思いがした。生まれてきたら、殺そうとすら思っていたのに、母親の心は変容する。この変容を拡大していけば、許しというところへいくのかもしれない。その光はまだ針の穴ほどのものだが、女性たちの言葉のなかから、見えるような気がした。

源をたどれば、同じ一民族。そのフツとツチが、なぜこのように、最終的な悲劇を迎えることになったのか。わたしも今回、様々な書物を通じ、知識のかけらを得たにすぎない。少数派富裕層の支配階級だったツチ、その下にいた多数派農民層のフツ。発端には狭い国土を奪いあう対立があったようだが、その後、ルワンダ国内の独裁政権と民主主義の対立、さらにはベルギーの、独立運動をそらそうとする植民地政策や、フランス政府の介入（ルワンダはフランス語圏）などが複雑にからみあってきて、ツチ・フツ間に民衆レベルの復讐心が育ち、集団殺戮へと発展したようだ。

この殺戮に際し、国際社会はどう動いたか。傍観し、助けるべき人を見殺しにしたということはないか。ＨＩＶに感染している母親も多いようだから、子供たちは遅かれ早かれ保護者を失う。彼らの未来に何が出来るだろう。ただ眺めるだけで終わらせるわけにはいかない。そういう写真集がここにある。

（竹内万里子企画・訳、赤々舎、二〇一〇年）

動物になりたかった詩人の眼

西江雅之『異郷日記』

西江雅之さんは、言語学・文化人類学の専門家として、今まで数多くの異郷を訪ね歩き、異文化調査を行ってきた。長い教壇生活から降りたとき、いわゆる、ごく「普通の旅行」とか「観光」をしてみたくなったのだという。

とはいえ、この本でなされていることは、観光についての考察であり、観光そのものでは、もちろん、ない。そもそも著者の、土地を歩く態度には、仕事か余暇かの区別もないのでは。乾いた目と、独特の動物的感性をもって、世界のまだ見ぬ土地を、飄々と歩く。

どこから見ても人間であるのに、人間をすうーっと超越しているようなところがあるのは、この人が、普通の人には簡単に為しえない、様々な言語に通じているところから来る印象かもしれない。子供のころ、「本気で動物になりたい」と思ったという。外国人のしゃべる外国語を、「虫や小鳥などの声による伝え合いに寄せたものと、全く同じもの」と受け止める感性が、その後、著者を、数多くの異郷へと誘い出すことになった。

パプアニューギニア高地・マウント・ハーゲンから、キューバの首都・ハバナ、タンザニアの島・ザンジバル、中国、バリ島、マレーシア、インド、カナダ東沿岸にある仏国のサンピエール・エ・ミクロン、アメリカはアルバカーキ、サンタフェ、オレゴン州ポートランド。パプアニューギニア領内のマヌス島、ソマリア、そして最後は三鷹の自宅・蝦蟇《がま》屋敷まで。

文章は、風のごとき精神によって運ばれていくが、一つの旅に、また別の旅の記憶が重なり、そこに思考の旅も重なる。「見た、聞いた」だけの一重《ひとえ》の旅行記ではない。文そのものが、複雑な旅であり異郷なのだ。だから、読者も最初はおそるおそる、少しずつ、ふみこんでいくことになる。

しかしそうして、文を追うにつれ、じわじわと路地裏に誘い込まれ、見たことのない光景、見たこともない人間たちとすれ違う。読み終えたのち、ひとつの異郷が、今度は一転、鏡となって、わたし自身と母国を照らす。

「バリ島観光の中心地のひとつ、ウブド」では、夜になると、寺で音楽と踊りのショーが催される。すでに祭りや儀式の宗教性が薄められ、観光客用に演じられるものとなっているというが、ここから著者が展開する、「伝統とは未来である」ということばは、胸に響く。

「人が何か行動を起こそうとする時……我知らずに何かの文化基準に従って行動を起こしてしまう。たとえば日本では〝四〟という数は、〝死〟という意味に通じるといって、……避けられる」。このように、伝統は、それ自体、「支え」となって人に行動をおこさせる。行動とは、一瞬ごとの今の更新が、ひたすら未来へとなだれこんでいくこと。だから、「……決して過去だけで成立するものではない。伝統は、一瞬先に待ち構えているもの」

つまり「伝統は創られ」ていくのである。

多くの章に、詩人たちが登場する。ロルカ、サンドバーグ、ランボー、金子光晴……。サンドバーグはよく知らないが、少なくとも、他の詩人は、みな、異郷を歩いた詩人たちである。バドゥ・パハという川に、金子がこだわりをもって書き記した態度（『マレー蘭印紀行』）を、金子にとっての旅が、自分自身の心の探索記だったのでは、と指摘している。引用できる余裕がないが、川と心についての考察は、著者自身の「詩」であると、わたしは感じた。

「この世に一片の土地も持たず」と、自分の生活を自嘲的に語ってもいるが、それこそが、旅に出るひとの条件ではないか。地上のいかなる土地にも所有権を持たない。移動していく、その時々の、足の下の地面だけが旅人の土地なのだ。

こうして読んでいくにつれ、読者は（少なくともわたしは）、異郷の文化と人間とともに、だんだんと著者自身に、興味を持つ。

ここで本書の冒頭に戻ってみよう。「物心がついた頃から、自分は異郷にいるのだという感覚が、わたしにはいつも付きまとっている。「わたしにとって、自分の皮膚の外側はすべて異郷だ」と、こんな言葉を機会あるごとに口にしてきた」

風変わりで賢く、可愛い子供。その子供の魂のままに、この人は大人になったのではないだろうか。どこにも自分が所属していないような感覚、取り残されているような思い、取り巻く外界への違和感。だが、こう言い換えると、大切な何かが抜け落ちてしまう。著者の場合、そこにいかなる感傷性もなく、エリート的な視線もない。ただ、そのように生まれ落ちた。わたしもそこに、余分な感傷を覚えるのを慎もう。信じられる、爽やかな旅人が、ここにいる。

（青土社、二〇〇八年）

ひとの中へ、風景が入り込む

野田研一『自然を感じるこころ――ネイチャーライティング入門』／新保祐司『フリードリヒ崇高のアリア』／幸田文『木』／藤枝静男『悲しいだけ・欣求浄土』他

わたしは東京の下町に生れ育ったが、通った地元の小・中学校は、アスファルトの校庭だった。当時はそれがあたり前だったが、今思い返すと、陽あたりも悪かったせいか、監獄に入っていたかのような肌寒い感じが甦る。学校が嫌いだったから、余計にそう感じるのかもしれない。

ところが同じ地元でも、高校は土の広々とした校庭だった。初めて見たときはうれしかったなあ。「校庭」というのは、そこで生きる生徒にとって、深層のところで、心が照りかえる場所なのではないか。高校時代は辛いことや苦しいことが多かったのにもかかわらず、踏みしめた土の柔らかな記憶が甦り、そのことだけで救われるのである。

野田研一『自然を感じるこころ――ネイチャーライティング入門』は、自然の風景と人間との関わりあいが、様々な作品を通して見えてくる本だ。

ネイチャーライターの一人、アニー・ディラードのこんな言葉が紹介されている。「何もかもが頭から消え去ったとき……残るのはきっと地形だろう……夢のような大地の記憶である」（『アメリカン・チャイルドフッド』）

わたしにはすごく、わかる感覚。でもなかなか言葉にしにくい感覚。例えば一つの風景を見る。そのとき風景がわたしの身体に入ってきて、その凸凹や稜線、遠近の風情までもが、生々しく記憶に刻まれるということがある。山を見れば山の盛り上がりが、海を見れば海の混沌としたうねりが、そういうもののすべてが、人間の記憶を創っていくのだとすれば、風景の記憶とは、まるで他者の身体のようだ。なんてなまめかしいものだろう。

実はその風景のなかに、風景を眺めている人間も含まれているのだが、「目」という器官は、風景をどこまでも外部として錯覚させる。

目を閉じてみれば、さあ、どうだろう、外側は内側へと浸透し、内の感覚は外へと拡大する感触がある。そのときもはや、内外の区別は消えてしまう。目はそのような混沌からわたしたちを目覚めさせ、内と外を区わけする、極めて近代的な器官といえるのだろう。

野田研一はこの本のなかで、一人の風景画家を紹介している。十九世紀ドイツに生きた、カスパー・D・フリードリヒ。後姿の人間が、大いなる自然を前に、孤独に佇んでいる絵を多く残した。本書に収録されている「雲海を望む旅人」にもまた、高い岩山に立ち、雲海を足下に見下ろしている男（芸術家）が描かれている。悲劇的とも崇高とも感じられる絵だが、その背中の向こうに、見下ろす男の内面が透視される。

わたしは、数年前に、ある島の突端で、岩山に立ったときの経験を思い出した。眼下に海を見下ろしながら、落ちたら死ぬなと思っていた。死ぬつもりなどなかったが、自分が飛び込んでしまいそうで怖かった。

ものや風景は見つめすぎると、やがては対象から見つめ返される。主客の別が解け、一体化した感触は、「私」の死そのものである。フリードリヒの絵に描かれた背中を見ていると、その背中を向こう側へぽんとつき落したくなってしまうが、そのとき落ちていくのが、わたし自身のように感じられる。それが怖い。

この画家については、先日、新保祐司の『フリードリヒ　崇高のアリア』という本が出たばかりだ。筆者はいつも、なぜか死角にある、見え難い人を取り上げるが、一貫して、その深い精神性に対する共鳴がある。数年前には『信時潔』を出した。フリードリヒにしろ、信時にしろ、描かれた対象から透けて見えてくるのは、現代日本への批判的な眼差しだ。

フリードリヒのすごみや狂気は、著者が指摘するように、ほぼ同時代の印象派と比べても、格段に深い。目を閉じた後の心眼によって描いているようなところ、盲目の写真家、ユジェン・バフチャルに通じるものがある。

最後に、目を日本の作家に転じてみよう。風景というものを、体内に生々しく取り入れて表現した人として、ここに紹介したいのが幸田文と藤枝静男だ。どちらも巨木にとりつかれた。

幸田文の『木』は晩年の名文と評判高いものだが、わたしが見とれるのは、木とこの作家の野趣あふれる格闘ぶり。相手の樹木は、一人の男の身体と言い換えてもよいほどに肉体を得て、その幹にはまるで感情が流れているかのようだ。彼女が見た樹木の立ち姿のなかには父、露伴が見える。文自身も。

藤枝静男にも、尋常ならざる風景の身体化がある。「しもやけ・あかぎれ・ひび・飛行機」（『藤枝静男著作集』第二巻所収）という短編には、とある風景を見て、その風景の根元にある記憶が（それは過去に繰り返し眺めた風景だった）、身体のなかから飛び出す瞬間が描かれていた。「ああ」と「私」

は、不意に思うのである。わたしもまた読んでいて、ああっと思った。

『悲しいだけ・欣求浄土』の中の一編、「天女御座」は、巨木見たさに友人を連れまわす話。数百年はたった茶の木を見に、山のなかへと分け入っていくが、訪ねていった先でそれは枯れて切株になっていた。「章」＝私は、その一部を、まるで亡き愛人の骨みたいに拾ってくる。後半には、昔、天女がやってきて座ったといういわれのある、松を見に行く話が書かれているが、途中、いきなり、私小説擁護論が入る。それが異様でとてもおかしい。

異様と書いたが、わからないわけではない。実はよくわかる。「とにかく他人のことより自分のことだ、と思っている」と小説を書く態度のことについて書いているが、巨木を見るのも、その、まずは自分のことという態度を、まっすぐ伸ばした先にあるものなのだろう。

（『自然を感じるこころ』ちくまプリマー新書、二〇〇七年／『フリードリヒ　崇高のアリア』角川学芸出版、二〇〇八年／『木』新潮文庫、一九九五年、『悲しいだけ・欣求浄土』講談社文芸文庫、一九八八年）

書くこと、ふるさとをなくすこと　池内紀『出ふるさと記』

微妙なところに力点の置かれた題名だ。単に作家のふるさとを追いかけた本ではない。ふるさとを彼らがいかに脱出したか。著者はその一点に目をこらす。「あとがき」に、「「出ふるさと」が文学にうつる一点、その微妙な接点をさぐり当てる」という含蓄深い一文がある。

十二人の、近・現代の作家が取り上げられている。高見順、金子光晴、寺山修司、尾崎放哉など、実際に詩をつくった詩人もいるが、永井荷風、坂口安吾、尾崎翠、中島敦、田中小実昌、深沢七郎など、詩を書かなかった詩人もいる。どちらにしても、整理のつく散文的人生をおくった人はいない。生まれた以上、人は自動的に生まれた土地を持つわけだが、この十二人には、この世にどっしりとはやすべき「根」の感触がどこか薄い。ふわふわしている。うろうろしている。とにかく根付かない。根付いていない。すごく不安。自分で選んでいるのか、運命なのか。根っこのところまで降りていくと、空漠の感触につきあたるのです。そういう魂の状態を詩人というのなら、ここに居並ぶ人々は詩人。

横浜に家を持ち、そこから勤務先へ通い、真面目な家庭人を全うしたはずの中島敦も、父の赴任先を転々とし、「およそ故里というものを知らずに育った」という。そしてこの世にあけた「巣穴」で、「カフカ」のように、地味に努力し創作した。

細かく見ればいろいろなパターンがある。一度、出たのちに、戻るひと。出たきりで死んだひと。出たり入ったりを繰り返したひと。いずれにせよ、どこかでひとは、ふるさとという檻の鍵をはずし、逃走することで自分になる。母の胎内にしろ、生まれ故郷にしろ、自分がはぐくまれた胞衣《えな》というものは、生きるためには破らねばならない。破って振り返った後、人は自分の出自を知る。ふるさとは、そこを出なければ、ふるさとにならない。自分が「出た」ことによって、自分は変わるが、それ以上にふるさとも変容する。ふるさとはかつてのふるさとではない。そのとき土地は、フルサトという、フィクショナルな領域へ葬られる。それはもう、どこにもない土地である。

私生児であった高見順は、一歳のとき、福井県三国町を母と出て、東京・麻布区に移り住んだという。だからふるさとの記憶はほとんどないという。著者が書くように、「故郷を失ったのは高間コヨ（母）であって高間義雄（高見順）ではなかった」（括弧内引用者）ふるさとの野山、知り合いすべてを、絶たれた母はとても気の毒。だが失うべきものを最初から持てなかった高見順もかわいそうなひとだ。

晩年、彼は「おれは荒磯の生れなのだ」と詩にうたっている。黒い日本海の怒濤の波は、記憶にないのに、生涯、高見順のなかに、「どどんどどんと」砕け続けた。だがそうか。ほんとうか。この表現は、どうしてもふるさとを、アクチュアルなものとしてつかみ取れなかった高見順が、強引に己に引き寄せた、演技としてのフルサトの「音」ではないか。彼にとって書くという行為と故郷喪失は、穴をふさぎあう関係に見える。

その彼がまだ元気なころ、「作家故郷へ行く」の取材で三国町を訪れたときのことが記されている。そのときの高見順になりかわったように、著者は取材を重ねる。丁寧な取材だ。家屋に関する、土地独特の名称があげられていく。「こうど」「とうり」「たもん」「せど」「おえ」……。高見順が取材で拾ったものではない。池内紀が集めた言葉なのだ。でもその境がだんだんとつかなくなってくる。そうした言葉によって、だんだんとふるさとの輪郭がはっきりしてきて、高見順にとってはおそらく困惑するばかりの、他人のようであったろう、そのふるさとが、まるでわたし自身のふるさとであるように懐かしく身に迫ってくる。

アニー・ディラードというアメリカの作家は、「頭の中が空っぽになったとき——残るのはきっと地形だろう……夢のような大地の記憶である」と書いている（『本を書く』柳沢由実子訳、パピルス）。フルサトとは、その記憶の土地のことではないか。実に不思議な感触だが、このことはわたしに信じられる気がする。死ぬとき、どんな地形が残るのか。わたしたちは、自分のなかに浮かび上がった輪郭を、最後、確かめ消えていくのだ。そしてそのなかにとけていくのだ。

土地の輪郭に死んだ自分が参与するような感覚は、女であるわたしには自然なことだ。この感覚の延長に、尾崎翠を重ねてみたい。彼女の最後は、薬による障害もあって、哀れな帰還のイメージが強かった。確かに再び創作を行うことはなかったのだから、作家としてはそのとき死んだ。だがわたしには安らかなものに思える。戻る場所があってよかったなと思う。土地に抱かれるようなその晩年を、幸福と言ってもいいのではないか。いや、本書の文章が、彼女の晩年を、幸福なものとして感じさせてくれた。これは珍しいことかもしれない。

一方、男性作家たちはどうか。ふるさととの土地にとけることもなく、彼らはどこまでも、ただの「モノ」として死んでいくように見える。その究極にまで突き抜けたのは深沢七郎だ。

彼の章では、ギター（音楽）との係わり合いが、とても面白い。「音楽ではアレグロというのは速さだけではなく音の質である」。この引用には仰天した。深沢七郎はすばらしい音楽教師だ。本書で取り上げられた作家たちは、早く死んだひとも、ゆっくり死んだひとも、生き方の質においては、アレグロ系といえるかもしれない。

（新潮社、二〇〇八年）

社会の重圧笑いとばし、たくましく　マルジャン・サトラピ『刺繍』

現代イランの恋愛・結婚事情を、えぐみのある絵と率直な言葉で、痛快に描いた本である。

昼食会が終わった後、いつもどおり昼寝にいく男性陣。残された女たちは後片付けを終えると、サモワールで沸かしたお茶を飲みながら、「心の換気」と称するおしゃべりに花を咲かせる。陰口や愚痴、告白、涙……。でもこれがまったく陰湿じゃない。自らの手痛い経験までも、すべて激烈な喜劇として、あられもなく、笑い飛ばす。

処女性に重要な価値があり、結婚は親の意向が重視されるなど、女性にとっては重圧の多い国。女たちはその現実に、様々な策を弄して抵抗してきたのだ。

ある女性は、家事と亭主の世話にあけくれる「妻」より、「愛人」でいるほうが最高と言い、処女を失ったことを悔やむ女性に「これで好きなだけセックスをしても、誰にもわからないわよ。この下にはメーターなんかついていないのよ！」と自分の下腹部を指差しつつ激励する（なるほど、メーターか）。

また、ある女性は、自分の尻の脂肪を胸にまわして豊胸・痩身の整形手術をしたことを告白し、「でも、あのばかは（夫のこと）、わたしの胸にキスするたびに、実はお尻にキスしているんだってことを知らないのよ」（どひゃー）。

ちなみに、本の題名は処女膜などを縫い直す意味の隠語。部分刺繍もあれば全面刺繍もあるとか。「案外たくさんのひとがしてるのよ！」

一座の最年長の婦人は言う。「人生っていうのは……馬の上に乗る時もあれば、馬を背負う時もある」。その「馬」の感触、イラン女性ならずとも、身に覚えがあるはず。

現在、核開発やテロ組織支援などで、危険な強気を誇示するイランだが、一方、本書に見る女たちの報復には一神教の閉鎖的な共同体に、風穴を通す陽気さがある。自国の政治をどう思うか、彼女らに本音を聞いてみたい。

筆のタッチで描かれた絵は、人物の目や皺の表情に、生々しい魅力が。漆黒の優る独特の絵柄に、わたしはアジア的な懐かしさを覚えた。

（山岸智子監訳、明石書店、二〇〇六年）

文化に眠る女の根本　津島佑子『女という経験』

女であるということの不可思議さ、面白さを、神話の世界にまで、遠く遡って考えた本である。男性との対比で「女」を考えるのでなく、女に「神」を関係づけながら、女というものの根本へ降りていく。文化の古層に眠る「女」であるということの意味を、自分自身の皮膚感覚を、常に確かめながら探っていく。

どの章にも迫力があるが、とりわけ、「出口ナオ」に関する一、二章は衝撃的だ。出口ナオは、明治二十五年、「神懸かり」になって、自ら、大本《おおもと》教を開いたひと。娘の頃から貧しい暮らしで、結婚したのちも苦労が絶えず、娘たちも相次ぐ不幸で狂乱状態に。そういうなかで、ナオに神がとりつき、その口から、突然、神の言葉が繰り出される。

著者は、この言葉の「出方」に、小説家としての直感を働かせる。

壮絶な苦難の連続にあったとき、ひとは孤独の檻に閉じ込められ、誰ともこの思いを共有できないという絶望に至る。その絶望から、言葉そのものを自分に禁じてしまう例もあるが、一方で、出口を失った言葉がそのひとの体にぎゅうぎゅう詰めになって、それに耐えているうち、新しい言葉の体系が噴き出てくる——そういうことが、ナオに起こったのではないかと推察し、そこに、強烈な「跳躍」を見るのである。

ひとりの「女」の壮絶な孤独が、旧世界を解体し、新世界を再構成し、他者を救うひとつの宗教にまでいきついた。制度に守られ、学問等の既存の価値を疑わずに生きてきた、多くの男たちには起こりえなかったことかもしれない。

また、ナオの生きた時代は、日本の近代。開国、文明開化によって入ってきたキリスト教文化は、男性の圧倒的優位と女性はかくあるべしという概念をも押し付けることになったのでは、という指摘には説得力がある。近代資本主義は、女を真に解放し、女の価値を高めたと言えるのか。本書を読むと、女を取り囲む社会あるいは歴史認識そのものへと、視野が批判的に広がっていく。

本書はこの後、「霊力」「処女」「乳房」「経血」をキーワードに展開するが、それにしても、今の生理ナプキンって、昔に比べると驚くほど優秀なんだなあ。そんな感慨が思わずこぼれる面白さも。

（平凡社、二〇〇六年）

日本の女が散らす命の火花　志村ふくみ・鶴見和子『いのちを纏う――色・織・きものの思想』

ふたりの女人が、「着物」をめぐって語りあった。ひとりは、自然の草木を焚き出して糸を染色し、布を織るひと、志村ふくみ。植物の命が顕現したものとして「色」をとらえ、その命と触れ合う「染織」に、自分の命をかけてきた。捨てるものを捨て、仕事へ情熱を傾けてきたその半生は、しんと心が鎮まるような敬虔さにあふれ、しかも迫力と勢いがある。色に対する求道者のような一面と、二人の子どもを育てながらやってきた、職人的生活者としての一面の、絶妙なバランスも魅力的だ。

また、もうひとりの話し手は、南方熊楠の研究などでも知られる社会学者・鶴見和子。歌人でもあり踊りの名取でもある。十年ほど前に脳溢血で倒れ左片麻痺となったが、そうして障害が残った身を「植物に近い」と言い、まさに、感じる植物のごとく、全身の感覚を研ぎ澄ましながら、着物について、瑞々しく語る。海外の講演会などは必ず着物で通し、着物をまとっているからこそ、内発的な思想をはっきり述べることができたと語る。そして着物は魂の依代であり、「姿の勢い」で着るものだと。

最初は、気楽な気持ちで手に取った本だが、読み込むうちに大変なことになった。色や肌触りなど、着物の表層の魅力から、話は次第に、文化の深層まで、ぐんぐん迫っていくからだ。「老年」といっていいお二人だが、もはや年齢はすっとんでいる。ただ、ふたつの魂が、ぱっ、ぱっ、ぱっと、命の火花を散らしながら、光のような言霊をやり取りしている。まさに「命の華やぎ」である。ふたつの魂の起こす対流に、巻き込まれながら読み終えたとき、ふーっとしびれるような感動がやってきた。

ああ、ここに、日本の女がいる。ニッポンという、小さな、湿潤の、風土のなかで、試行錯誤を繰り返しながら生きてきた女人が。グローバリゼーションやエコロジーなど、そんな言葉を使わずにして、現代の危機と問題点までもが、この本にはすべて、自然に、網羅されている。

活字のあいだからは、さまざまな色がきらめき出る。深い緑、あざやかな赤、神秘の青、鼠色、黄色……。ああ、わたしも、「着物」が着てみたい――そんな声が、自分の身体《からだ》の深みから湧く。

（藤原書店、二〇〇六年）

秘密読書会で読む「禁制文学」　アーザル・ナフィーシー『テヘランでロリータを読む』

イスラーム革命後のイラン・テヘラン。ホメイニー師率いる新体制が、監視の目を光らせる息苦しい社会のなかで、大学を追われ、一切の教職から身をひいた著者が、密かに開いた読書会。そのメンバーは、「傷つきやすさと勇気が奇妙にも同居」する、皆、どこか一匹狼的な女子学生七人だった。

彼女たちは、ほぼ毎週、木曜日の朝、著者の自宅に集っては、ナボコフやフィッツジェラルド、ヘンリー・ジェイムズ、オースティン……などを読む。室内に入り、着用を義務付けられた黒いコートとヴェールをぬぐと、その下から現れるのは、鮮やかな色彩、官能的な肉体、そして裸の個の精神だ。

西欧的な価値観を持つものは、退廃的と批判され、反イスラーム的とみなされれば、直ちに逮捕・投獄される。安易な処刑・暗殺もたびたび。そういうなかで、西洋の小説を読むのは、ひどく危険な行為である。外国書籍は流通をとめられ、本屋からは、外国文学が消えていくような状況にあった。革命の翌年には、イラクとの戦争も勃発。心身の自由を奪われたとき、ひとは生きているという感覚を失う。そして、外側で形作られている異常な「現実」に拮抗するほどの、もうひとつの「現実」=小説世界を求め、そのなかで、鮮明な生の感覚をとりもどしたいと願うのだ。

彼女たちは、ナボコフの「ロリータ」を、いま、このとき、このイランという国で生きる「わたし」の立場から、ダイナミックに読んでいく。多くの人が読んできたような、中年男ハンバートが少女・ロリータに対して抱く妄執や恋愛の話ではなく、「ある個人の人生を他者が収奪した」悲哀の物語として、徹底的に、ロリータの側に立って読むのである。この国で女であることの生き難さが、一人の人間が誰かの「夢の産物」となってしまうことへの憤りへと通じ、その哀しみに切実な共感を広げていく。

著者は言う。「小説は寓意ではありません。それはもう一つの世界の官能的な体験なのです。……彼らの運命に巻き込まれなければ、感情移入はできません。感情移入こそが小説の本質なのです。小説を読むということは、その体験を深く吸い込むことです。さあ息を吸って」

感情移入とは、なんと懐かしい言葉だろう。そしてこれはなんと普遍的に響く言い方だろう。もしかしたら、わたしたちがなくしかけているのも、この素朴な行為、あらゆるものへの感情移入なのかもしれない。

全体主義を憎み、抗い続けた著者は、やがてイランを離れアメリカへ渡る。けれど負った傷、様々な思い出は、記憶のなかから消えるはずもない。理不尽な処刑で死んだ学生もいる。読書会のメンバーはといえば、国を出て結婚し子供を産んだ者もいるし、国に残った者たちは、その後も集まり続け、本を読み、書き、ある者は教職についたとある。生きることと読むこととの熾烈な関わり合い。フィクションの力を改めて信じたくなる。透徹な勇気を与えられる本である。

（市川恵里訳、白水社、二〇〇六年）

世界の根本に立っていた人　石牟礼道子　詩文コレクション6『父』

この巻には、石牟礼道子さんの、実に魅力のあるお父さまが登場する。わたしとは、もちろん血のつながりもない他人様の父上だ。けれど読んでいくにしたがって、この「父」のなかに、幾億人もの父が重なって見え、そうして自分もまた、この父につながる、娘の一人であるのだという気分になる。

ちなみにわたしの両親はまだ生きていて、父は今年八十になった。離れて暮らしているが、町中で、ときおり、親によく似たひとを見かけ、はっとすることがある。より正確なところを記せば、父に似たひとはまれで、母に似たひとは非常に多い。男のひとは、年老いてもいつまでも個人だが、女のひとは、年老いると、どのひとも、どこかしらが似てくる。共感を求めて広がっていくのだ。そういう意味で集団的だと思う。ともかく、そういうとき、何とも言えない気分になる。親不孝をしているので、まず、身が縮まる。そうして、不自由はしていないかなと、親のことが子のように案じられる。普段はけろりと忘れているくせに。

そういうもろもろを気づかせるために、似たひとが目の前に現れたような気がするので、そのひとのことを、「仏」のように感じたりする。親が生きていても、このように思うのだから、もし死んで、この世にいなかったら、感慨はいっそう深いことだろう。

石牟礼道子さんの書いた文章を読んでいると、実にしばしば、源のところに触った感じを受けるが、彼女の根本には、この父がいた。その事実にこの巻を読むと幾度もつきあたる。まぎれもない石牟礼道子個人の父であるが、文章の力は、個人を超えて、かつての日本にこのような人間が生きていたのだという、石のように確かな事実にまで読者を連れていく。

父上は、天草の海の潮で洗われたような、すがすがしい魂の持ち主だった。まことに一家の主であった。石工として、貧しくもりっぱに生をまっとうし、感情豊かに人や生き物とつきあい、お酒をしこたま飲み、歌えば音痴、なんでも自分の手で作った。住む家まで。

わたしは石牟礼さんにお目にかかったことはない。けれど頭のなかに、いつしか、石牟礼道子とは、こんな女人に違いないという、ひとつのイメージがかたちづくられるようになっていた。どういうわけか、それは海沿いの町の路地を、一心に歩く幼女の姿なのである。

わたしはいくつかの本で、この作家の顔写真を見ていた。歳月を重ね、熟した笑顔の、とても魅力のある面貌だった。それでもなお、じっと見ていると、そのなかから、幼女の面影がぽんと飛び出す。いやきっと、話は逆であって、歳を重ねたからこそ、存在から、そういう芯のようなものが、いよいよしみだしてくるのかもしれない。そして、そのような幼女を、そのまま心に住み着かせていられたのは、もしかしたら、このように力強い父親が存在し、彼女を全身全力で（いまも）見守っているから、なのかもしれない。

わたしはここに集められた文章を、最初に旅先のインド・コルカタで読んだ。インドの旅のあいだじゅう、かたわらに石牟礼道子の文章があった。読んでは揺さぶられ、ぼうぼうと泣いた。

コルカタに行ったのは、そこで生きる人々をテレビ映像に収めるためであった。なかには豊かな家族もあったが、ほとんどは貧しく、いかに食べるかが先決問題。狭い空間に、大家族が、体を寄せ合って明るく生きていた。みな、手を使ってものを作り、壊れても修理して使い続ける。

わたしたちは、そんな彼らの家にずかずかと侵入していった。わたしは何をやっているのだろう、と思った。仕事とはいえ、何をやっているのだろう、と。せっかく井戸からくみ上げてくれた水も、一生懸命つくってくれた食事も、下痢が怖くて、手がつけられない。申し訳なく、哀しかった（結局、食べて下痢になったが、何をしても、下痢はするのだ）。

ところが彼らは、そんなわたしの杞憂を理解せず、来てくれただけでうれしいという。そうしていっそう、うちにも来てくれ、家族に会ってくれと、わたしの手をひっぱるのである。コルカタのインド人と天草の人々が、次第に重なり合っていった。

たとえば、「あいた、ころがりに来た。ここがいちばん極楽じゃ」そう言って、遊びにきていたという、近所の小母さんのこと。石牟礼さんが仕事で東京へ出、留守にしがちの家へ来ては、「母の無聊を慰めてくださっていた」というそのひとは、癌の末期であったという。

「じっさいに躰がしんどくて、挨拶がすむより早く、古畳の上に寝ころがられる」。すると、お母さんのほうも、「まあ、早う、長《なご》うになりなはりまっせ」といって迎える。光の射す光景である。死が目前に迫る人が、他者をなお慰めに来る。迎え入れるお母さんにも、こわばったところは少しもない。人を迎えるその態度で、死を受け入れる人々なのだ。

ちなみにこのエッセイには、石牟礼道子のキーワードとも言うべき、「世界の根本」というタイトルがついている。みっちんが小学校三年生のとき、石工の父は、廃材を使って家を建てた。そのとき、水平秤で土地の傾きを調べたのだが、そこに立ち会ったみっちんに父は言う。

「家だけじゃなか、なんによらず、基礎打ちというものが大切ぞ。基礎というものは、出来上ってしまえば隠れこんで、素人の目にはよう見えん。しかし、物事の基礎の、最初の杭をどこに据えるか、どのように打つか。世界の根本を据えるのとおんなじぞ。おろそかに据えれば、一切は成り立たん。覚えておこうぞ」

読んだ者の胸に、水のようにしみこむことばである。そうして建てられたこの家には、多くの水俣病支援者たちが泊まったという。しかし崩壊は早く、父も病いに。仕事の需要もなくなるなどして、家はついに解体へ。「……小学三年に返ったわたしは、かのとき父が水平秤を置いた地面に幾夜もかがみこみ、人の世の成り立ちの根本について、亡き父と対話したことだった」と書いている。

この更地の地面の感触ほど、深い感慨を、読者の胸に運ぶものはない。かつて生き、そこに在ったもの。失われた亡き者たち、モノら、風景を、この作家は、全力の想像力で現前に呼び戻し、ここにあらしめようとするのである。わたしはそれを鎮魂と呼びたいが、それにしても鎮魂とは、なんとはげしい作業だろう。

この巻には、父ばかりでなく、父の周囲にいて、「みっちん」に、はっきりとした生の痕跡を残し、この世から去っていった様々な人々のことも書き付けられてある。石牟礼さんは、ものすごい集中力で、でも決して力むことのない、柔らかく濁りのない視線で、その、ここにいない人、ここにいないものたちを、呼び寄せる。

忘れられない話が多いが、なかでも、幼いころ、石牟礼さんの生活に、ひときわの鮮やかさで存在していた淫売の女性たちの話は哀切だ。あるとき、「ぽんた」という若い女郎が、まだ中学生だった男の客に刺殺されるという事件がおこる。凄惨な事件現場を、石牟礼さんは、たんたんと記憶のなかからつむいでいくが、それを見て書いているのも、石牟礼道子のなかの幼女「みっちん」だろう。

亡くなったぽんたは解剖されることになり、誰もがいやがるなか、立ち会いに立ったのは、みっちんの父。解剖医は、「これはど美しか、立派なよか肺を持っとる娘は、見たこた無かち」と言ったという。天草のことばは、歳月を飛び越えて、生々しくわたしたちに、その場所のその瞬間を運んでくる。

「おもかさま」の存在も、忘れられない。盲目の老狂女、みっちんの祖母のことである。母の母であるこのひとを、義理の息子にあたる、みっちんの父は、終生、大切にあつかった。天草に暮らす人々は、異形の者を、排除することなく、いたわりながら、ともに暮らしたことがわかる（これもまた、わたしがコルカタで見た風景だった）。

天草では、自分たちを「正気人」と言い、気ちがいの方に、殿をつけて「神経殿《どん》」といったとある。人間が、弱さや障害を抱えた人間と、どのようにかかわり合って生きていたか。この本を読んでいると、そのことが、ことば一つから、見えてくるのだ。

「父」がなくなった、そのあとの風景も、哀しみ深くユーモラスだ。実の兄貴に死なれたよりもきつかと言って泣く人に、「貰い泣きした」という妻（石牟礼さんの母）は、夫亡き後、自分の生年月日も知らず、すべては夫が把握していたからといって周囲を唖然とさせる。

わたしにはよくわかるような気がする。母は静かであたたかい混沌だ。その混沌のなかへ、生きる厳しさや明晰さ、論理性そして大いなる矛盾をもたらしたのは、父という、その存在であったろう。読み終えて、わたしは死者のてのひらから、熾火《おきび》のような、生《せい》のぬくもりを押し当てられたような気がしている。

ここに集められた文章に出会ったことを、わたしは稀有な幸福に思う。

（藤原書店、二〇一〇年）

草をわけ、声がいく

「生命」についてのひとつの思想　よしもとばなな『イルカ』

小さな本だが、大きくあたたかい。主人公の恋愛小説家・キミコが、ときに悪意や暴力に近寄りながらも、様々な人と出会い、やがて、婚姻外で子を産むまでのいきさつが、自然な流れで描かれていく。

小説だ。だがこれは、能う限りのシンプルな言葉で書かれた、「生命」についてのひとつの思想の本ともいえる。なぜ、ひとが子を産むのか、そこに至るのか、その解答の一つを、わたしはこの一冊から得たように思った。

かつて、著者の父・吉本隆明氏の本を読んだとき、わたしは、あ、子を産んでみよう、とふと思ったことがあったのだが、そういうふうに後押しされる何かが、娘である著者へと流れ込んでいるのを感じる。特別な親子だという話をしたいのでなく、本書の主題でもある生命のつながりに縁を感じ、感慨を深めるのである。

本書に登場する人々は、他者とともによりよく生きるため、実にあれこれ心を働かせるが、とりわけキミコの「賢《さか》しさ」には、心洗われ、心うたれる。その賢しさが、キミコという個を超えて、生命を慈しむ無名の身体の、中心から発していると感じられるから。「イルカ」というのは、その源に住むものの、象徴なのではないだろうか。

（文藝春秋、二〇〇六年）

広島にあった「それ以前」　田口ランディ『被爆のマリア』

不思議な「原爆小説」である。原爆の悲惨さが直接描かれているわけではない。著者の視線は、むしろ原爆以後の六十年、「平和」という静かに狂った戦場に向けられる。ところが読んでいると文字の裏側に、明るいピンク色をした原子雲のイメージが、絶えずちかちかと明滅する。まるで映画のサブリミナル効果みたいに。読者の潜在意識に働きかけるようなものが、文章のなかにうごめいているようなのだ。田口ランディはこの本のなかで、一体何を仕掛けたのだろうか。

四つの短編が収められている。いずれの主人公も、焦点のぼやけた「平和」のなかで、戦争のリアル、生のリアルに触ろうとしてもがいている人々だ。

「イワガミ」には、著者自身を思わせる作家「私」が登場する。その彼女もまた、「平和ってなんだろう、それがわからない」とつぶやきながら、被爆者から原爆の悲惨さを聞き取るばかりの取材に、限界と欺瞞を感じている。

ところが、資料を返しにいった先で、「磐神《いわがみ》」という奇妙な古書に出会う。そこには世界の始まりから広島が焦土と化し、再びその土地に草木が芽生えるまでが、全身全霊をこめて語られていた。「私」はこの本に強く感応し、著者・宮野初子が被爆者であることを直感する。それは宮野が「自分と切れてしまった自然に、強い意志を持って触れようと」していることがわかったからだ。原爆投下前の広島には豊かな自然があった。七本の光る川、風、空気、匂い……。

ここまで読んだとき虚を突かれた。原爆は常にその「瞬間」と「以後」の時間のなかで語られてきた。けれど広島には「それ以前」があった。それ以前のもっと以前には世界の始まりがあった。原爆が、そうした大きな神話的流れのなかに位置づけられたことで、「私」にもそして読者にも、初めて原爆がリアルに見えてきたのである。連綿と続くその流れに、わたしもまた組み込まれている者だ。自分の小さな細胞のひとつが、あの原爆を記憶している。読後、そんな思いに捕らわれた。

（文藝春秋、二〇〇六年）

怖くて暗くて懐かしい「胎内小説」　小野正嗣『森のはずれで』

「目」でなく、「耳」で読む小説である。読んでいると目が退化して、耳が異様に敏感になってくる。言葉のなかから、音が聞こえる。その音が立ち上げていく情景は、普段、わたしたちが見ているような、ピントのあった日常と少し違う。見えている表層の後ろ側に、何枚もの記憶の層が重なっていて、全体が、ぶれて震えているのである。

それは特定の個人の記憶というよりも、不特定な記憶の集合体という感触をもっている。胎児というものは羊水に揺られながら、こんな風景を夢見ているのかもしれない。

異国の小さな森のはずれに、「僕」と息子が暮らしている。息子はまだ小さい。妻は二人目を妊娠中で、出産のために実家に帰っている。二人の生活は、それ自体が、胎内的な空間である。森から聞こえる奇妙な音、奇妙な人々が、境界を安々と通過して、家の内へと侵入してくる。

四編の連作で構成されているが、なかでも、「古い皮の袋」が一番怖い。メンドリに喰らいついた小犬・アブリルを処罰するため、古い皮の袋に、両者を入れて棒で叩きのめす農夫。かつて見たというその記憶を、息子は父にありありと語る。彼はそれをどうやら胎内で見ていたらしい。古い皮の袋のまっくらな内部――わたしもかつて、そこにいた。まだそのなかに、いるような気もする。

物語が進行していくに従って、妻の胎内でむくむくと育っていく、生命の存在が感じられるが、一方でそれが外界へ出てこられないよう、押し込めておこうとする無言の敵意や悪意も漂う。

確かに、小説では最後まで妻が戻らず、当然、赤ん坊も生まれた気配はない。妊娠は永遠に続くのである。胎児は、ずっと胎児のまま、胎内でじわじわと老人になり朽ちていくのか。この世に現れ出なかったその「胎児」こそが、この物語の真の統率者であったような気がする。

大人が堪えて生きている哀しみが、透明なものとしてここに結晶している。

赤ん坊のように大声をあげて泣きたくなった。怖くて懐かしい「胎内小説」だ。

（文藝春秋、二〇〇六年）

事実と創作　あわいに快楽　辻原登『円朝芝居噺　夫婦幽霊』

江戸と明治をまたいで生きた、落語の名人、三遊亭円朝。自ら創作した噺が大人気を呼び、その口演を書き写したといわれる「速記本」は、明治期の言文一致運動に、多大な影響を与えたとも言われる。

さてここに、その円朝が残したらしい、幻の芝居噺が〝発見〟された。あれっ？　彼の遺品のほとんどは、震災で焼失したはずでは……。

謎と推理と想像力が小説中をかけめぐる。何が事実で、どこからが創作か。そのあわいに、小説を読むことの快楽が吹き上がる。

奇妙な縁で「私」にもたらされた、亡き旧友、橘菊彦氏の残した段ボール箱。その底にあったのが、訳のわからぬ文字で埋め尽くされた染みだらけの大部のザラ紙である。解読者を得て読み解けば、「夫婦幽霊　三遊亭円朝　速記・若林玵蔵、酒井昇造」と。

「噺」の内容は、盗んだ四千両の金をめぐる、三組の夫婦の騒動だが、安政の大地震を背景に、事件が事件を呼ぶ鮮やかな展開。色彩にあふれ、躍動感がある。なかでも一番の極悪人、藤十郎が、じりじりと追い詰められていくさまには、ひとごととは思えぬ迫力がある。悪党がここまで魅力的とは、そこだけとってみても極め付きの噺である。

大川端・吾妻橋のたもとに、死んだ夫婦の幽霊が登場し、「噺」のほうは、幕を引く。だが小説は、まだ終わらない。

最後の最後、円朝の不肖の息子、朝太郎と芥川龍之介という意外なとりあわせが登場し、「夫婦幽霊」の成り立ちについての謎解きがなされる。ここまでくると、もはや本書には、円朝の亡霊がとりついているとしか思えない。

あり得ない話である。だがそのあり得ない「虚構」が、現実をめりめりと食い破り、乗り越える。これぞ、文学。

読むことがどこか「悪行」に思えるほどの、知的興奮を呼ぶ本である。もしかしたらこの著者こそ、藤十郎以上の悪人では⁉︎

（講談社、二〇〇七年）

共存の感触を身に備えた人々　池澤夏樹『光の指で触れよ』

大地の匂いのする、この長い豊かな小説を読み終わったとき、わたしは即座に冒頭の頁に戻り、もう一度最初から、この物語を生き直したいという誘惑にかられた。

第一に、ここに登場する人物たちと、すぐさま離れるのはとても寂しいことだった。今でも彼らが懐かしい。この感情はどうして生まれたものか。たくさんの顔が浮かんでくる。どのひとも、「共存」の感触を身に備えた者たちだ。

そうして最初の二、三行を読み直せば、物語の終わりは始まりへと、自然に接続し、環を繋げる。ああここにもまた、「循環」がある。動物、植物、人間に係わる、あらゆる命の「循環」は、本書の重要なキーワードだが、小説はそのことを体現している。一つの有機体のように。

中心にいるのは四人家族だ。ヒマラヤに風車をたて、風力による自家発電を企業の一員として考え続けてきた林太郎。その妻アユミ。学校になじめず今は全寮制の高校に通う息子の森介、そして幼い娘キノコ。

彼らは林太郎の恋をひとつのきっかけとして、突然、ばらばらに暮らし始めるが、それでもわたしたちには、信じられるのだ。たとえ今は、離れていようと、海にゆらぐ縄のような彼らの絆は、家族そのものを疑いながらも、切れずにゆらゆらと繋がっていくはずだと。

一家は常に何かを追い求める人々。その何かは見えないけれど、彼らが同じ姿勢をとったまま、同じ方向を目指しているのだということがわかる。競うことをやめ共存し、消費生活から遠くに身を置き、自然と一体化して生きる――だが、こうした物言いはどこか嘘くさい。彼らには、欲望も迷いもブレもあり、理想を追い求めるあまりの極限の姿勢に、警笛を鳴らすバランスのよさもある。

本書は『すばらしい新世界』の続編である。表紙に、白いドレスの少女が野に舞う写真が使われている。全盲の写真家ユジェン・バフチャルが撮ったものだという。見ていると、見ている自分のこの眼でなく、その眼の奥の、誰のものかもわからない「心眼」が開く気配がする。本書と強く響きあう写真だ。

（中央公論新社、二〇〇八年）

人間という「どうぶつ」　　川上弘美『真鶴』

『真鶴《まなづる》』には、どこか文豪の匂いがある。押しても引いても動かないものが、作品の底に通っている。言葉の選択にも強い好みがあり、「にじむ」という言葉が妙に目をひく。あえて「〜難《がた》い」と読ませる箇所もある。力点のかかる、いくつかの言葉が、力の抜けた文のなかに浮かぶ。

真鶴という二文字も重い。この地名を選んだ、そのことによって、すでに、この作品は定まったと感じる。藤沢でもだめだし、鎌倉でもだめ。湘南や葉山は論外である。

真鶴に、わたしは行ったことはないが、住んでいる人を一人だけ知っている。色好みの高齢な画廊主。わたしは彼に、銀座のマキシムでステーキをご馳走になったことがある。一度きりで、会うことはなくなった。そこにいるのにいないような、不思議な存在感を持ったひとだったが、この世の果てを見る怖い目をもっていた。こうしたことを、思い出させるのも、みな「真鶴」という地名の力である。

なまめかしい小説だ。川上弘美の小説はみんなそうだが、これはそのどれよりも、軽妙に暗くてなまめかしい。吉行淳之介を少し思い出した。もっとずっと潤んでいるが。

小説の冒頭、「わたし」は、「砂」という宿に泊まるが、それもまた、いかにも真鶴にあれば、と思うような場所である。わたしもかつて、そんな宿に泊まった、そしてそこで夜じゅう、波の音を聞いたことがある、そんなありもしない記憶がうごめきだす。真鶴の二文字は、そういう読者の妄想を刺激する。

あるとき突然、失踪した夫、礼。以来、母の家に移り住み、娘と暮らす文章書きの「わたし」。編集者の青茲とは、十年来の関係だが、関係は少しずつ終息に向かう。夫はいないが関係が終わったわけではない。むしろ「わたし」は、不在の夫と、強くむすばれている。執着といってもいい。夫によって、肉体にはっきりと、見えない痣をつけられているのだ。

「かたちあるものに欲情することは……少なくなった」と「わたし」は思う。だが欲情は、少なくなっただけで、なくなったわけではない。むしろ形を変え、幅を広げ、深まっていると感じられる。生身という輪郭を解いた、礼の肉体にも欲情しているのだから。

面白いのは、青茲よりもこの夫のほうに、「わたし」の肉体が強く、奪われていることだ。青茲との交歓には、むしろ穏やかさがある。もっとも一箇所、「わたし」が烈しく青茲を求めるところがあって、そこで「わたし」は青茲という肉体を通して、礼を奪い返そうとしているように見える。「わたし」の肉体には、礼への恨みがぼうと発熱しているのである。それはもう、恨みとも呼べないほど輪郭を失い、欲情と見分けがつかなくなっている。

傍らには、母という何かを「終えた女」と、百という思春期の、「始まる女」が配置されるが、何が始まりで終わりなのか。始まるといっても、終わりが始まるのではないか、なぜひとは生むのかという、暗い認識が重ねられている。

途中でついてくる「女」、あれはなんだろう。百と「わたし」が食事をしていると、「女」はそこから盗んで食べるのである。「ほんものは皿の上に残っている」ので、「何回でもとってゆける」と。怖い。だがリアルだ。生のテーブル。減っていく食物。食べているのは、いったい誰か。

この作品を読んでいると、「どうぶつ」という言葉を平仮名でおもいだす。性と生の鈍い感覚が、夜の波のようにうごめいている。

（文藝春秋、二〇〇六年）

犬になる経験　松浦理英子『犬身』

松浦理英子の新作が出た。主人公・房恵の犬化した身体経験を通して、セクシュアリティの真髄を摑み取ろうとした傑作である。近親相姦など重いテーマが出てくるが、「犬化」の作用で、ばっさり笑える。

魅力的な渦を巻く作品だが、その渦の素、房恵の設定が、なによりもけなげで力強い。彼女の人格の清冽さは、松浦理英子のすべての作品を貫く、精神の「剣」のようなものだ。

読者の大半は彼女の魂に同化するだろう。犬になる。それがこの本を読むことの快楽。特別の犬好きでないわたしも、喉の奥がかゆくなり、ワンと幾たびも吼えそうになった。読んでいて感情が燃え立ったときには、尻尾をさかんに振りたくなった。そして現実の、つるりとした自分のお尻が、味気なく寂しくてならなかった。

房恵は魂の半分が犬ではないかと思うほどの犬好き。謎のマスター朱尾献に、「珍味の魂」と見込まれる。彼の力により、自ら望み、梓に飼われる「犬」と化すが、牡犬となったのは思惑外であった。頭脳だけは、元・人間だった房恵のものという設定なので、犬だったら読めるはずもないメールやブログも読んじゃう。

だがいざというときには犬として身体をはる。梓に降りかかる汚い暴力も「犬形ゲロ噴射銃」つまりゲロをはいて撃退しようとする。勇敢で可愛くて賢くて。もっとも新しい名犬物語と読むこともできる。

性差をさらに越え、動物と人間という、房恵いわく「種同一性障害」という混乱状況が描かれるが、著者の眼差しは、性も種も越え、その根元にあって人間存在を揺らす、感性の深みに下りていく。そこには性器結合に多大の意味を込めようとするような性交そのものへの深い疑念もある。

この思想を支える文章は、端正とも淡泊とも形容できるもので、だからこその官能性がある。ことに犬にまつわる言葉の収集にかけては、ほとんど犬の毛をなでるような、優しさの感触があった。読者が犬化されるのは、それがテーマだからとか、そういうことではなく、ひとえにこの言葉の力。

結末は光に満ちている。わたしは犬としての皮膚を突き破り、魂のようなものとなった。尻尾を振り、ころころとどこかへ転生していく、まぶしいばかりの自由を感じた。（朝日新聞社、二〇〇七年）

「花」の体現　瀬戸内寂聴『秘花』

本書は、能を集大成したといわれる、世阿弥の生涯を描いたものである。帯文によれば、著者、八十五歳の大作。文章は淡水のごとく拘泥がなく、力みがぬけながら抑制の効いたもの。けれどそのなかから、時折、ふわあっと花が匂う。どこから見ても小説なのに、小説の奥で、能が粛々と上演されている。

「花」とは何だろう。「色気だ。惚れさせる魅力だ」と、本書のなかで世阿弥は明快に答えている。彼の前半生は、まさに自らの「色」が、切り開いていったものだった。

将軍義満（大樹さま）に、美しい稚児ぶりを愛され、男色の世界へと導かれた世阿弥。権力者に贔屓にされ庇護されることで、父・観阿弥率いる観世座は栄え、世阿弥の天才にも磨きがかけられていった。

義満の愛妾・高橋殿とも通じ、後に妻になった椿は、義満の寵妾のひとりだった元・白拍子。世阿弥は彼らと三つ巴に乱れまぐわうなど、あられもない愛欲に身を投じながら、果てのない能に命をかけ、芸の世界を、一心にのぼりつめていく。

だが彼の後半生は一転して暗い。父の死に続き、義満同様に寵愛を受けた二条良基の死、愛し見込んだ長男・元雅の死、養子にした元重とはやがて反目しあう仲となり、三男・元能は出家する。

そして七十二歳のとき、世阿弥自身が将軍・義教によって佐渡へ流された。理由は定かではない。

小説は、この佐渡での日々に、一人の女性、沙江を創出し、さらにもう一つの秘められた「花」を配する。世阿弥最後の恋。ここでその詳細に触れることは慎みたいが、その恋は、かつてのようには世阿弥を輝かせることはない。みじめな片恋であり、悲痛な最後に終わる。だが、数多くの絶望と悲哀の果てに、世阿弥には恩寵の時が訪れるのだ。

耳が聞こえなくなったとき世阿弥は沙江に言う。

「……何も聞えなくなるということは、森羅万象の放ったあらゆる声が、かえって聞えてくるということなのだ。七十三年のわが生涯に聞きとったすべての妙音がいっせいに軀の中になだれこみ、音の坩堝の中に漂うということだった」

栄枯盛衰を見つくした目は、最後、めしいとなっても、一点の光を見つめている。「秘花」という幻の能の題名を書いた後、無名の者として逝った世阿弥に、著者の透明な視線は、浄福を見ている。

（新潮社、二〇〇七年）

いびつと無垢　小川洋子『夜明けの縁をさ迷う人々』

小川洋子の作品には、いつもどこかに、いびつなものを抱えた人物が登場する。彼らは、人間が歳を重ね、丸くなってするっと通り過ぎてしまうところを、通れず、通らず、立ち止まる。

いびつとは、その停止の姿勢が呼びこむものである。だが彼らは、不思議にいとおしく、同時に無垢な清潔さを感じさせる。その源に、何かを失った痛みや哀しみが強烈に感じられるせいだろうか。

読むうちに、わたしはかすかな加害者意識をもつ。そういう形で物語に参加する。つまり、彼女の作ったグロテスクな人物は、この世の悪意を吸い取って変形したとでもいうような、無意識の作物のごとき感触があるのである。

本書には九つの短編が収められている。「イービーのかなわぬ望み」は、育ててくれたチュン婆さんの死をきっかけに、自分がかつて産み落とされた場所でもあるエレベーターから、出てこなくなったイービーの話。

ウエートレスとして働くことになった「私」は、夜食を運んだことで彼と仲良くなり、イービーの危機を救おうとするのだが、さて、イービーは、生き延びられるか。

人間は、心や体にいつも何かしらの欠損を抱え、何かを始終、失いつつ生きている。わたしたちはみな「夜明けの縁をさ迷う人々」なのだ。そういう不安や生きる哀しみが、何かを得るというめでたい物語でなく、さらに深く、もっと徹底的に、何かを失い続ける物語によって、癒やされるのはなぜだろう。

あり得ない虚構の物語だが、リアリティーへの回路が開いており、その回路を通して、一つの哀しみが、単なる哀しみや慰安を超え、不思議な力へと変換される。

「涙売り」という一編には、最も高品質な涙は、痛みから生まれる涙だという、それこそ、痛みのある、「私」の認識が書きとめられてあったが、痛みや不安、恐れこそが、共有できる感覚であるというように、この作家はそこから目をそらさず、そこから豊かな物語をうみだす。


（角川書店、二〇〇七年）

静人のなかに透ける「悪」　天童荒太『悼む人』

本書の主人公、坂築静人は、どこかで誰かが死んだと聞けば、その場所へ赴き、死者を悼む。ただ悼むのではなく、死んだ人が、誰に愛されていたか、誰を愛していたか、どんなことをして人に感謝されたことがあったかを、死者を知る人々から聞き、あなたがここに、かつていたことを忘れません、と心に刻む。

死者のなかには、極悪非道な人間もいる。しかし彼は死者を区別しない。ひたすら歩き続け、悼み続ける。時に宗教団体かと誤解され、偽善と罵られ、あるいは感謝されることもある。なぜ、彼がそんなことをするに至ったのか。一端は、死が間近に迫った母親によって、その生い立ちから語られるが、真の理由は、おそらく本人にもわからない。静人は死者を忘れ、我欲をむきだしにして現前の生にしがみつく、我々の浄化装置として在らしめられている。

この静人をどう読むかで、本書は読者を分けるだろう。わたしは読みながら、実は静人に、なかなか現実感を持つことができなかった。その点が、本書に対する最大の不満として残った。静人は「人」でなく、装置とかシンボルだと思えばよいのかもしれない。表紙の彫刻もその印象を強める。しかしわたしは、聖人・静人でなく、あくまでも人間・静人を読みたかった。汚れた人間が汚れに耐えながら、「悼み」をやり通すところが見たかった。

彼の周囲には、実に人間臭い悪人、罪人、俗人、凡人、ワルがうごめき、彼らがいわば、悪を通過し、悪に触れ、変化しながら善を模索するのに対し、静人は不変。一貫して身奇麗に善を為している。

彼の敬虔さ、愚直さは、揺らがず疑われることもない。

この物語は、様々な人間関係が巧みに整理され描き分けられている。だがそこに、わたしは居心地の悪さも覚えた。人間社会を澄んだ目で差配し裁断しようとする、神のように透明な意志。わたしは次第にこの悼む人＝静人のなかに、「悪」が透けて見えてくるような印象を持ったのである。本書は直木賞受賞作。


（文藝春秋、二〇〇八年）

父を発見する　青山七恵『かけら』

小説は時代とともに変化していく。小説が描くところの人間もそうだ。けれど変化しない核の部分もある。青山七恵という作家はとても若いが、その不変のところをしっかりと見極め、一方、変化烈しい時代の表層を、自在に捕えて表現する。変と不変の、優れたバランス感覚に、この作家の、世界を眺める目の健やかさを感じる。

表題作の「かけら」は、父親と二人でさくらんぼ狩りツアーに参加しなければならなくなった、若い娘が主人公。

「なんか、ただ水に石を落っことしてるみたいなんだよね。お父さんと話してると」「そうか」

バスに隣り合って座り、どこかぎくしゃくと会話を交わす二人。娘の手にはカメラがある。彼女は写真教室に通っていて、「かけら」というテーマで何か撮ってくることになっている。

カメラを構える外見とは裏腹に、「こんなに重くて角ばったものが手になじむときが来るのか」と彼女は思う。そのかすかな違和の感覚は、この小説を読むわたしたちのものでもある。

「重くて角ばったもの」はカメラに他ならないが、どこかで、生きることの「手触り」そのものに、するりと変換するような瞬間がある。わたしたちは皆、うまく手になじまないカメラのようなものを、心に携えて生きているのではないか。

主人公は、不器用にカメラを覗きながら、一つ一つの物象を見つめ直す。彼女にとって写すということは、ばらばらなかけらを集め直し、自分が生きるこの世界を、再統合しようとすることなのかもしれない。

そば畑、あぜ道、さくらんぼを食べる人たち……そんな写真の一枚に、小さく写っていた父の像！撮ろうとしたわけではない。でも写っていた。知っているはずの肉親像が見知らぬ人のように立ち上がる。父はそうして「発見」されたのだ。いや、父の方もこの旅で娘を「発見」したのかもしれない。わたしはとても気高くて温かいものを見たように思った。無垢な手触りに満ちた、美しい小説だ。

（新潮社、二〇〇九年）

死と生の「対話」　湯本香樹実『岸辺の旅』

微光の差す小説である。一組の夫婦がここにいる。妻は小説の語り手、瑞希。夫のほうは優介といい、失踪してから三年になるらしい。小説は、その彼が家に戻ってくるところから始まる。

書き出しの一、二ページは見事である。何一つ書いてはいないのに、二人の間に、なにやら乗り越えられない温度差があることを、さりげなく読者に感じさせる。

違和感を持ちながら読み進めていくと、「俺の体は、とうに海の底で蟹に喰われてしまったんだよ」という優介の告白につきあたる。

二人はやがて、優介が死んだ地点まで、時を遡る旅に出る。途中、さまざまな生者や死者が立ち現れ、彼らを助けたり助けられたりしながら、そのやりとりのなかで、夫婦の過去も明かされていく。名前の通り、優しい草食系かと思われていた優介が、生前、歯科医として、ずいぶんもてて、数人の恋人がいたなどということもわかってくるが、そこに生々しさのようなものはない。ここではすでに許されているか、諦めたものとして、描かれている。読むわたしたちのなかにも、死者の眼差しが流れこんでくるせいで、生前だったら、追及したいようなことも、違う次元に運ばれていく。

不思議な小説だ。最初から最後まで、文章の底に、一筋の水が流れている。それはここに集う死者と生者の「対話」が作り出す流れかもしれない。読みながらわたしは、自分の心の深い部分が潤い、豊かに膨らんでいくような思いを持った。物言わぬ死者との交感を通して、生きる痛みが、いたわられているように感じたのだ。

瑞希の死んだ父は言う。「死者は断絶している、生者が断絶しているように。死者は繋がっている、生者と。生者が死者と繋がっているように」

胸を突かれる言葉である。あの世に行けば、死んだ人に会えるだなんて、それは甘い御伽噺だ。この小説はもっとも孤独。

しかし終わりまで読めば、その孤独を抱き、しなやかに生き直す瑞希の姿に出会えるだろう。

（文藝春秋、二〇一〇年）

絶えずほどかれ、無に返る言葉　朝吹真理子『流跡』

「流跡」には、言葉の流れた跡が写し取られている。それらは活字として紙の上に定着しているにもかかわらず、触れればまだ濡れている、そう思えるほどに、生《なま》な状態にある。「意味」が定着する手前で、たえずほどかれ、無に返され、乾く間もなく流れていくのである。

「しかしどこへ――」。冒頭と末尾にこの言葉が出てくる。終着点はない。だから書き終わるということもない。主役はいわば「流れ」という運動だ。

時間は時系列に沿って進まず、円環状に流れている。陵王の舞いや、猪牙舟、瀬取舟など、中世・近世を思わせる語彙と、携帯やＵＳＢメモリなど、極めて現代的な用語が平然と並ぶ。時代も舞台も混沌としている。

作品の主体は、最初、ひとまず「ひと」の身体はまとってはいても、あるときは舞人、あるときは舟頭、あるときは横領や人殺しの過去を持つ男になったり、お父さんとして子供を風呂に入れたり、不意に女になったりと「転生」を重ね、生きているのか死んでいるのか、主体自身にも不明である。

生育がすさまじく速いむきたまごのような白い実、焼き場の煙突を思わせる塔など、流れのなかに、ぽつぽつと残っていく風景がある。次々と場面が移り変わっていくのに、繋がりの接点はなめらかに溶接され、切れているのに繋がっていく、というふうだ。

ああ、これは命のことだろうかとわたしは思った。肉体という明確な輪郭をもたなくとも、生死という区切りをつけなくとも、「命」そのものは、脈々と流れていく。

そのように思って終盤近くまで来たとき、なぜだか不意に涙がわいた。幾分、困惑しながら読み始めたにもかかわらず、わたしはいつのまにか、「意味」でなく、この「流れ」に身を委ね、流れそのものになっていたらしい。

わたしは自分が死んだとき、「流跡」に描かれたような旅路をゆくのではないかと感じた。川はやがて海へと戻る。死は生が閉じることではなく解放であり、命が循環していく、その一過程なのだろう。

（新潮社、二〇一〇年）

繊細で強靭な音楽小説　青柳いづみこ『水のまなざし』

声の出なくなったピアニスト志望の少女、真琴の心の軌跡を描く、繊細で強靭な音楽小説である。音楽の世界の厳しい舞台裏を垣間見る面白さもある。

音楽を楽しむよりも競いあうことを強いられる生徒たち。コンクール、留学試験……。真琴はそんな東京の生活を離れ、祖母のいる「水生」へと移る。古い家の古いピアノが、傷を負った真琴の心をゆらし、過去の時間を解いていく。

遊ぶ間もなく練習にあけくれた孤独な幼年時代、レッスンに付いてきてくれた父との濃密でいびつな関係。一方で、音楽は勝ち負けじゃないと言い、真琴の美質を発見してくれた先生との出会いもあった。著者は、主人公に過度の思い入れをせず、安易な物語を背負わせない。読者は読みながら自分自身で、真琴という少女を「発見」していかなければならない。

ピアノは鍵盤を叩くだけ。だが真琴にとって、音楽の本質には「歌」がある。真琴は歌いたい。しかし声がでない。楽器演奏者は「声を出して歌わなくっても、声帯を動かす筋肉は使っている」という医者の言葉は示唆的だ。真琴に限らず、歌うということは、人間にとって命の発露に等しい行為なのではないか。

能に惹かれる真琴が、能には西洋とは違う「歌い方」があると気づく所も印象的で、能表現の持つ沈黙の烈しさを、彼女は「水の炎」という言葉で捕まえようとする。この言葉に、わたしはドビュッシーを連想し、ドビュッシー研究でも知られる著者を重ねたが、もちろん本書は私小説ではなく、大胆な虚構が施された小説だ。放蕩の父との幻想的なからみや、少年との疑似恋愛など、真琴の性が目覚めていく場面は生々しくも音楽的で、その文章は、音楽を対象として描くと同時に、音楽そのものになろうとしている。

本来、活字ではとらえきれない、様々な楽曲のメロディーや謡いが、「口三味線」で紹介されているのも楽しい。曲を知っていればさらに楽しめるし、知らなくても、読めば一度は聞いてみたくなる。

読者に音楽と文学の間を、自在に行き来させる小説である。

（文藝春秋、二〇一〇年）

都市の地霊　　中村邦生『風の消息、それぞれの』

三篇からなる作品集の、冒頭からまず読み始めたとき、あ、あの文章！　と、即座に前著『月の川を渡る』が脳裏に蘇った。筋書きなどは、忘れている。だが文章の粘りをひく濃厚な空気感は、この作家に特有のもので忘れられない。

日常に暮らしていて、正体の分からぬ匂いに遭遇することがある。何の匂いか、何処から匂ってくるのか。そういうときの、いぶかしく落ち着かない気分にも似たものが、本書でもまた、文の隙間から立ち上ってくる。この魅力的な腐臭は、生きている人間のものではなく、「死者」のかもしだすものという感触がある。

「森への招待――軽井沢浅間山麓」は、浅間山麓の落葉松の森へ、ナイトハイキングツアーに出かけた一行の話である。「風の動きを感じたければ、舌を出してみてください」。ガイドの「前田君」が言う言葉に誘われて、わたしたち読者もまた、夜の森という神秘へ、むきだしになった感覚器として入っていく。視覚は退き、代わって聴覚や、嗅覚、触覚が段々と肥大化する。やがて研ぎ澄まされた風景の中に、人間の心理劇が、抽象的に、繊細に浮かび上がってくるのである。

ナイトハイキングの最中、「私」が思い出すかたちで語られる妻・ジャネットの過去は、夜の森を背景に聞くとき、十二分に衝撃的だ。自分の親には異常に優しいが、わがままで暴力的だったという、ジャネットの兄・マーヴィン。兄の友、アーサー。恋人をめぐって敵対関係にあった二人は、ジャネットの前で流血騒ぎをおこす。いったんは兄のほうに懲役判決が下るが、四年後、今度はその兄がアーサーに殺されるという結末を迎える。

「でも……わたしの経験した出来事って、本当はたいしたことないんじゃないかって……」ジャネットがそう言ったとき、「私」が持ち出したのは、アメリカの心理学の教授が言ったところの、ガリヴァー・パースペクティヴというものであった。ガリヴァー旅行記のガリヴァーである。人間の経験には、大きいと思っていたことが実は小さく、小さいと思いこんでいることが本当は大きいということがある……。ここを読んだとき、わたしは何かに思い当たった気がした。

この作品集全体に働いていると感じられるのも、そういうふしぎな心理のレンズなのである。小さなものが思いの外、深みを帯びて浮かび上がってきたり、深刻に見えた経験が、乗り越えられるべきやさしい障碍に見えてきたり。人と人との関係の距離も、近くにあったものが遠くなり、離れて見えたものが不意に近づく。一切はみな、計り知れず、読む側に漠とした不安を感じさせる。

どの作品にも、都市的感性の割れ目から、噴き出すような自然が描かれているが、それはわたしたちのほとんど退化した、原始的な感情——泣き笑いのようなものの発露に見える。

古家が全壊されるときなど、更地になってあらわになった土の、貪欲な豊穣さにみとれることがあるが、読みながら感じたのも、自分のなかで、掘り返される土の感触であった。

三篇それぞれに、副題として付された土地の名は、そこでなければならない、強烈なイメージを作品に持ち込んでいるが、いつしか、人々のつくる関係の磁力に融かされて、どこでもない「ここ」という、なまめかしい空間へと変容していく。そのとき、地面からふわりと離陸するのは、土地の魂、地霊である。すばらしい都市の幻想譚だ。

（作品社、二〇〇六年）

空港から湧く声　小野正嗣『線路と川と母のまじわるところ』

三つの短編は、いずれも外国を舞台とし、「移民」という存在を扱っている。難民・不法滞在者・強制送還などという単語を並べると、それだけで何かを示したような気がしてくるが、この小説はそうした言葉に収束するものではない。ついでに言えば、ここには地名や国名も出てこない。類推はできるが、固有名詞が消去されている。

日本に生まれ育ち、当たり前のようにここに暮らしているわたしには、土地を失い居場所をなくし、国を出て放浪を余儀なくされるという存在のあり方を、どこかで他人事と思う感覚がある。それはこの国に暮らす多くの人の感覚かもしれない。

それでもわたしたちは、「空港」という場所へ、しばしば安易に出かけていくではないか。人間はそこから、遠くへ放たれていく。短いながらもここでないどこかに「滞在」し、「旅行者」となって、異国で少なからぬ「疎外感」を感じ、再び母国語のなかへ帰ってくる。その経験を一度でもしたことのある者なら、この小説に描かれてある、自他の境目にある、言葉にならないいきしみのような感覚に、正確に接触できるはずだ。

虚実の振幅がもっとも大きいのが、最初に置かれた「旅する部族」で、それ故、この作品は、もっとも読みにくいが可能性を秘め、解釈不能の固まりを残す。

「わたし」は旅のアテンダンド。母国からの客を空港で迎える。「わたし」と関わり合うのは空港へ向かうバスの運転手、空港のカフェバー店員・ステファンや空港に住み着く不法滞在者・キンチャン、ともだちのヨーコ等々。みな、空港という、浮遊した場所に集い、根を降ろす場所を持たない人々だ。

この小説では、固有名詞が消されていると書いたが、正確に言えば、固有名詞というものが本来持っている力、権力のようなものが、通用しない世界を描いているとも読める。たとえばステファンもキンチャンという名も、固有のものでなく、あくまでも「わたし」がそう呼んでいるという設定。この関係の自由さは、解放感より、むしろ不安や居心地の悪さ、そして強烈な、この時代の〝いま〟を読者に感じさせる。

一番、不可思議なのはキンチャンである。彼は他人のなかに簡単に忍び込み、他者になりかわれる人であるらしい。彼の口から語られるある女性の事情は、途中から、彼でなく、彼の「声から枝分かれした声」となり、その声はさらに別の声にわかれ、やがて彼女の娘の声となって、内戦下の自国を追放された身の上を、分裂した家族の不幸を語り始める。

声は、ここ、「空港」という場所から、もうもうと湧きあがってくる記憶のように見える。語りの途中で、その声の娘は、母を守る兵士から、「王」になるという。「王」とはなんだ？　そしてその「王」を守り、その顔を糸で覆い隠すという「蜘蛛」たちの存在とは？

飛行機のみならず、人を運ぶ乗り物のイメージがいくつか現れるが、終わりのほうで、ヨーコが語る列車の車掌の話は、深い悪夢あるいは彼岸を象徴しているかのようだ。光の届かない真っ暗なトンネルと、その先にある、光にあふれた駅のホーム。自他の間、あるいは国家間に横たわる境界線を、踏み越えつつ人は移動する。存在を車輪のように引きずりながら。

読みながら、ここに描かれていない、様々な歴史の記憶が重なった。たとえばアウシュビッツに至るユダヤ人たちの列車。たとえばシベリヤへと向かう捕虜の列車が。移動、移動、移動によって刻みつけられた人類の歴史。その見えない傷の記憶。

そのような記憶を喚起しながらも、ここには希望の光がある。「わたし」がなくした飛行機のチケットとパスポートを、キンチャンとしもべである蜘蛛たちが、まるでドラえもんさながら出してくれたとき、わたしはほっとし、奇妙な現実感に取り囲まれた。通行許可証一つで、出入国を許されたり追い払われたり。人間の運命を握るのは、たかが数頁の紙切れなのだ。それでも「世の中には必ず手を差し伸べてくれる人たちがいる」。置き所によっては陳腐になりかねないメッセージだが、本編においては光を帯びてみえる。

二作目には、マッサージという行為を通して、他者の記憶へと働きかける美雪が登場。三作目の語り手は胎児ではないか？　いずれも求心力のある魅力的な作品で、円環的な構造を持っている。見えないもの、描写できないものを、この作家は安楽な物語に流すことなく、粘り強く文字にあぶり出した。複雑な声、状況をすくい取りながら、文章は静謐なリズムを崩さない。希望という名の、ある不思議な「調和」が、この本全体に働いているように思う。

（朝日新聞出版、二〇〇九年）

「読み込む」よろこび　中村邦生『チェーホフの夜』

この作品集は面白い。筋書きよりも、作品が内包している素材に目を奪われる。素材とは、エピソードであったり、ニュースの一こまだったり、誰かの作品、作品のなかの言葉、あるいは登場人物たちの言い間違いや癖、著者の想像したイメージだったりする。

大きな風呂敷を広げるように、次々とそういう素材が現れる。それらは一見、小説の筋とは無関係に見える。実際、読んでいるときには、「なくてはならない感じ」があまりない。ただ面白く読んでしまう。しかし読後に、そういうものこそが、しっかり根をはやし、作品全体に欠くことのできない、微妙な影を落としていることに気づく。

わたしはああでもないこうでもないと、誰かと読後の感想を言い合いたくなった。「読む」のでなく、「読み込む」よろこびを、実に豊富に与えてくれる小説集だ。縁あって、この作家の小説を長く読んできたが、本作では、複雑さと粘りが増し、どこか切実な顔をしたユーモアが加わった。

タイトルにもなった「チェーホフの夜」は、チェーホフの短編「薬屋の妻」という格好の素材を内包した作品だ。かつて参加していた輪読会で、この作品を読んだ「私」が、当時の指導教官であったT教授と再会する。名人芸のようなラストは読んでいただくとして、この「薬屋の妻」が、固い種のように作品内に仕込まれている。

読み出すとそこから、苦み、ユーモア、諦念、不安など、人間の感情が、じわじわとしみだしてくる。チェーホフが中村さんの短編をくるんでいるのではない。中村さんの作品が、チェーホフをあたたかく、くるんでいる。

冒頭に置かれた「冗談関係のメモリアル」は、インドへ行くことになった「宗教民族学者」を囲み、長い友人関係にある仲間たちが繰り広げる「会話」が作品の中心にある。

互いの友情を確かめながらも、言い交わす言葉のほとんどは、からかいや揶揄、冷やかし、ジョーク。その状況を、「私」は「みんなで仮病を使う感じに似てる」と言い、かつて英国の文化人類学者がアフリカの未開社会に見いだしたという、「ジョーキング・リレイション」（友好関係を円滑にするために、からかったり、だましたりすることが、必要なルールとして公認されている慣習）という言葉を思い出す。題名の由来はここにあるが、この冗談関係が、最後、結婚式で「私」が繰り広げる、悪夢に似たスピーチにまで発展する。

驚いたのが、ある描写。「ラーメン屋の出前の空になった丼から割り箸が二本、Vの字に飛び出ている。一瞬、白い股を開いている女の姿態が頭を掠めた」とある。「丼からつきだした割り箸」に目をつけたところ、拍手喝采をおくりたい。

真ん中に置かれた「週末の仕事」は、もっとも長く読みごたえのあるものだが、酔っぱらい運転による変容した世界が、「基彦」の目から描かれる。遠近感覚が狂った世界には、おかしみと官能性がある。「ひかりごぼう」という言葉が出てくる。達也の幼年にねざした言葉だが、別れた母だけがその意味を知る。どこからか運ばれた、美しい贈り物のような言葉である。総じてどの作品にもあるのが「酩酊感」。それがすべてにユーモアの膜を被せる。微かな嘔吐感や哀しみを覚えながらも、笑い出したくなってしまう作品世界。

（水声社、二〇〇九年）

深みへ、降りる靴音　高橋たか子『墓の話』

墓にまつわる五話が収められている。最初と最後にエッセイが置かれ、なかの三作は、エッセイふうに始まりながら、やがてするりとフィクションに脱皮する。それがあまりに自在な印象で、わたしはつよく惹きこまれた。

この、虚構の三作品について言えば、みな、どこか、夢を見るような小説だった。童話のようだといってもいい。でも読み終わったあと、これを読んでいたわたしという現象のほうこそが夢なのではないか、などと感じた。この作家の直観が掘り進めた世界が、あまりにリアルだったから。といっても、それらはけっして深刻な作品ではない。ユーモアがあり、コント的な一面もあり、澄み切っていて軽く明るい。自我というもののでっぱりがなく、読後がとてもやすらかだ。しかし、しかし、思わぬ深みから、伸びてくる手がある。それがわたしの心臓をぎゅっとつかむ。「大切」な作品だ、とわたしは思った。文学的な価値がどうのこうのという話でなく、自分にとって大切、という感触。

高橋たか子は、求心的な作家で、一人一人の読者に、たぶん、わたしが感じたような、「自分にとっての」という思いを抱かせる。神と対峙するように、一対一の、関係の真髄を読者につきつける。

「第二話　親和力」は、ジャンヌ・マリとクロードとエンマニュエル、三人の関係がおりなす物語である。

ある日、パリ市内の墓地を歩いていた「私」は、不思議な墓を見つけ釘付けになった。大理石の墓石の上に、青銅でつくられた仰臥した男の彫像があり、その彫像が、同じく青銅製の人の顔の彫像を捧げもっている。と、見る間に、その顔が、ジャンヌ・マリと名乗り、ひとつの物語を、語り始める。クロードとエンマニュエルは、パリ神学院で哲学を専攻しベルグソンを読む同学の者。精神の深みで強く結ばれていた。だが、クロードが突然死。嘆き悲しむエンマニュエルを慰めるため、クロードの妹・ジャンヌは、彼が生前の兄に送った詩を携えてエンマニュエルを訪れる。エンマニュエルはそのとき、ジャンヌにクロードを見、やがて二人は夫婦になる。死んだ友人の妹と結婚。よくあることだ。結ばれたあとも、普通の夫婦となんらかわりない。けれど二人は、他の人には見えない深みで、一致している。それは決して破れることのない婚姻。俗世ではなかなかありえないことだが、ここに描かれた世界では、まったく自然なことだ。

無尽蔵の、何かが、生命的なまま
ずっと「持続」している深み
というものが、この一人一人の
中の、底のほうに、あるらしいのだが
そこまで降りているぼくが
そこまで降りている君と
そこで出会うのであるらしい

エンマニュエルがクロードにかつて贈った詩の一節だ。ここに書かれた関係は、そのままジャンヌとのあいだにも移行する。

「わたし（ジャンヌ）は……いわば「クロード」に成っていき、いえ、成らされたのではなく、自然に成っていき、といって男になったのでなく女のまま「クロード」になっていきました。この「クロード」というのは、兄のクロードその人のことでなく、兄のクロードが「深み」でエンマニュエルと和合していた内なる部分なのでした」

男と女という性の境界さえもが、その場所では、透明なものになって乗り越えられている。際がとけることを官能という。わたしは読みながら幸福感に満たされた。この作品のなかには、「交感《コレスポンダンス》」という詩（ボードレール）のうちの、二行が書き付けられている。

人、象徴《サンボル》の森を過ぎゆくと
木々、親密なまなざしで、人を眺む

実際の森に入っても、ひとは無口に内省的になるものだ。森という場所は、異様に霊的なエネルギーが高い。足を踏み入れたとたん、なにかおおきなものの、心象の内部に、くるまれた感じがする。ジャンヌは語る。あらゆる人のうちに、「サンボルの森」と言われる深い深い領域があり、数えきれないサンボルが混沌と湧きでているので、迷ってしまうような森となっているらしいと。そして、ときに、その深みに根をおろしている者同士が、ことばによって交感することがあると。

第一話のドキュメンタリに印象的な場面がある。著者はあるとき、フランス・ヴェルダンにあるドゥオモン要塞を訪れた。第一次大戦時、ドイツ軍が攻め込んで、すさまじい悲劇の激戦が展開した場所である。フランス軍・ドイツ軍とも、ここで多くの戦死者が出た。著者はガイドに案内されて、「ドゥオモンの納骨所」を知る。戦死者たちの骨が納められているのだが、そもそも大戦が終わってしばらくした頃、司祭らによって骨が拾われ、納骨所が作られたのだった。

「……一般の人が土葬されたあと全身が骨となって残ることを職務の上で見て知っている司祭だからこそ、すぐに、人骨だとわかったのだろう。／目にとまったものを全部拾ってしまっても、雨が降ったあと、また土中から出てくるそうである。たくさんの人が、そのことに奉仕したことだろう。現在でも、雨後、ぽつりと出てくるとか」

わたし自身、砂利が敷きつめられていた一郭を、土で舗装した経験があるが、雨が降ると、埋めたはずの砂利石が、土の上に現れ（それも長いあいだにわたって）、驚き、困ったものだった。だから実感がある。いくら深く埋めても、骨が土の上に、土中からあがってくるのである。こういう土地の上を、著者は歩いた。本書を読みながら、わたしは所々で同じような感触を持った。つまり、ことばが白い骨のように、心の深奥から意識の上に、ぽつりぽつりと表われてくるという――。

深いのに、明るく軽妙な文の運び。高橋たか子の入門書としても、ふさわしいような一冊だ。

（講談社、二〇〇六年）

神よ、仏よ、大動脈瘤　村田喜代子『あなたと共に逝きましょう』

村田喜代子の初期の作品に、「熱愛」という短編がある。「ぼく」と「新田」の男子二人組が、オートバイでツーリングに出かける話である。山道の、幾つもあるカーブ。曲がるごとに、眼前に開けてゆく風景。そういうものを作家の文章は読者の肉体にじかに体感させた。本書を読みながら、あの作品が、わたしの脳裏にぱっと点滅する。両作品の間には、二十年以上の歳月が流れているのである。「熱愛」の中心には、微熱を帯びた「消失」の穴があった。先行して走っていたはずの「新田」が、不意に「消えて」しまうのである。宙でいきなり、ボールが消えるように。転落事故か、死んだのか。あたりは静かで、何かがおきたという、かすかな痕跡さえ、見つからない。

人がいきなり消える穴。この世にうがたれた、その点ほどの穴を、この作家は、他の作品でも様々な素材でみせてくれた。たとえば便器の穴、鍋のなか。魅せられた人間たちが、そこに自ら、飛び込み消滅する。

本書にもまた、人が吸い込まれていく穴がある。けれど「熱愛」のように、幻想が増殖していくすきまはない。人間は、穴のとば口、ぎりぎりのところで生に踏みとどまり、必死になってもがいている。死は現実の、リアルで切迫したものとして扱われている。

団塊世代の鹿丸夫妻が登場する。夫・義雄が六十四歳、その妻・香澄は二歳下。共働きの同志的カップルで、一人娘は、結婚して外国に。娘には娘、つまり彼らにとっての孫がいる。異変は夫の義雄に現れた。大動脈瘤が胸部に発見されたのだ。

長い結婚生活を経た彼らの会話は、ぶっきらぼうで時に喧嘩ごし。独特のいたわりに満ちてはいるものの、必要な伝達のみがやりとりされる、ユーモラスで味気ないものだ。

ところが本書のタイトルは、『あなたと共に逝きましょう』という。これは香澄の、言葉にしなかった決心なのかもしれない。このようなせりふは作中にない。彼らはゆとりなく病いと闘っていて、がんばれという、励ましの言葉ひとつそぐわない。けれど彼らが共に闘っていることには違いなく、その事実は、ごく自然に読む者に実感される。

だから読み終えて、タイトルを見たとき、しみじみ、ああ、そうかと思うのである。共に逝くって、心中みたいじゃないか。彼らは幸福な夫婦なのだ。

少年みたいな香澄さんと、自爆するかもしれない大動脈瘤をかかえた夫とのあいだに、肉体の交わりが、あるのか、ないのか。わたしには少し気がかりだった。すると出てきた。結合の部分が。入院する前日の夜のこと。二人は静かに胸を合わせる。香澄の手が、夫の下半身にのびる。

「するとこないだまで男の体の中心だったはずの下半身は、冷え冷えと沈み込んで萎えている。何の反応も示さない。まばらな草の生えた平らな野のようである。動脈瘤が義雄の中心に取って代わったのだ。／男の体の不思議なこと……、今や義雄の中心となった瘤だけがぎらぎらと燃えている」

病いや肉体の痛み、傷といったものは、排除すべきものであるにもかかわらず、実際にはこんなふうに、命の中心に居座り、そのひとを変えてしまう。この作品では、病いが強者。弱いはずの病人が強き者となる。病んだ人々が少しでも癒えようと、焼野温泉の岩盤浴に集う姿には、その強き者としての迫力と哀しみがあっておかしい。みな無口に岩にはりつき、「人間をやめでもしたように動かない」。生の岩盤にしがみついた姿が、死んだように見える皮肉。

それでも著者は、老いと病いのとば口に立つ、この迷える人々を、なんとかして前へ、進ませようと、一種の応援歌を歌っている。亡くなった二人の歌手、三波春夫と村田英雄の、最晩年のテレビの映像が作中で紹介される。両足切断、丸坊主の痩せた顔で、舞台に立ち、歌う村田英雄。花の萎れたらんことこそ面白けれ……。『風姿花伝』の一節が、こちらの骨にも、じいんとしみてくる。

義雄の手術が成功したあとで、本書にはもうひとつの読みどころがあらわれる。妻・香澄に、心の異変がおきるのである。彼女は鬱々として、もう死んでしまいたいとまで思う。よく、わかる。共に闘った夫のほうは、当事者であり、治療して万歳、それで終わり。つきそうものは、看護終了という突き当たりにぶつかって、目的を失い、立ち止まってしまうのだ。終わりはまだ、先にあるように思われて。当事者と看護者では、このように、抱えている時間に落差がある。

本来ならば、届かないところ、届いてはいけないところ、届くはずもないところ、そういう人間の肉体の、守られるべき暗室に、メスが到達し、肉体は修復された。香澄は、その事実に呆然と立ち尽くす。延命という、結果それ自体は、とりあえず喜ぼう。それでも肉体が冒瀆されたという、その思いは彼女を深い内省へと誘う。これは医療とその技術進歩に対する、香澄の繊細で力強い抵抗だ。

作品中には、香澄自身が、血の池の遊女となって、男に身請けされる夢がはさまれる。わたしの知る、「熱愛」の頃の村田喜代子だったら、こういうところが、もっと大きくふくらんでくるはずだが、この作品では、あくまで現実に言葉がよりそい、夢や幻想は、最小限、おとなしく眠らされている。

やわな幻想は、病いが打ち砕く。病いとは、人間に君臨する王のようである。

わたしはただ、この本を読んだだけで、義雄の看護をしたわけではない。けれど、病院のベッドに身を横たえて、香澄のように眠りたくなった。もちろん、彼女も、存分に眠らせてあげたい。眠りには、どこか甘美な死の感触があるとしても。


（朝日新聞出版、二〇〇九年）

躍動する明治――恋と革命と戦争と　辻原登『許されざる者』

上下に分冊された大作である。ほぼ一年半にわたり、毎日新聞に連載された。時は明治末期。和歌山の森宮（新宮がモデルと思われる）を主な舞台として、途中、日露戦争の戦場となった満州に場面を移しながら、時代と運命に翻弄され、自由を求めてあらがい生きる老若男女が描かれる。

ダイナミックな物語世界は、実際の史実にフィクションが入り込み、実在した人物と架空の人物が、自由自在に混ざり合って動く。彼らの背後に、著者は隠れて姿を見せないが、虚実を絶妙に調合する、この手つきのなかにこそ、他の誰でもない、辻原登がいる。

わたしはこの物語の歴史的背景に、ほとんど前提となる知識を持たないまま読んだ。それでまず、紀州という土地から見た明治末期という視点に、新鮮な驚きを持った。

日傘山と呼ばれる被差別部落が描かれているが、主人公である医師の槇隆光（ドクトル＝毒取ルとも呼ばれている）は、その部落の患者たちを、治療費を取ることもなく診察したり、子供たちの教育に力を貸したりする。著者の筆は、影よりも、この土地に降り注ぐ明るい光を選んで描く。

また、幸徳秋水が実名で登場し、後の愛人、スガも出てくる。和歌山は、大逆事件とも関わり深く、新宮でも、数名の男たちが無期懲役の裁きを受けたり、中心人物（おそらく主人公のモデル）が死刑判決を受けている事などを、本書を読んだ後に知った。

もっとも小説のなかで、ドクトル槇は死なない。思想的な側面より彼の人間的な魅力のほうが、クローズアップされて描かれる。思想的には途中からたもとを分ちながらも「熊野革命五人団」に、大きな影響を与えた人物として設定されている。そうしたなかで、著者が行ったもっともすばらしい創作は、槇の秘めた「恋」だろう。この恋を何としてでも見届けたいという思いが、分厚い上下巻を一気に読ませる。

相手の女性は、森宮藩主の長男・永野忠庸の妻。当時は姦通罪として刑法で罰せられる、いわゆる不倫の恋である。恋の証人や伝令役として、「点灯屋」や時計の「ネジ巻き屋」の存在が効いている。

永野は、日露戦争を陸軍歩兵少佐として戦うことになるが、読者の多くは、恋を応援するあまり、永野の戦死を一瞬でも願ってしまうだろう。わたしはそうだった。そうして彼は、読者の思いを一度は吸い取って、戦死したということになるのである。しかし、物語は一転。彼は生きていた。脊髄損傷の重傷を負って、人の手を借りなければ生活できない体となって帰還する。生来の気難しさに、悲惨な戦争体験が手伝って、いよいよ複雑で非情な性格になっていく永野。夫人は自らの恋の罪を背負い、夫の介護を懸命に続ける。そのような状況の下、槇との恋が、下巻に至って最高潮に達し、彼らはようやく、結ばれる。本書中、もっとも美しい場面の、ごく一部分を引用してみよう。

「槇が彼女の名を呼んでいる。くり返し呼んだ。

「はい」

と夫人は教室にいる小学生のように答える。

また呼んだ。

「はい」

とまた答えた。何と澄み切った声だろう、と槇は思った。

夫人の心と体はひとつのうねりとなって、打ち寄せる岸辺を必死にさがしていた。……」


くり返し呼んだとされる、夫人の名前はここでは明かされない。わたしの記憶では、本書中、一箇所、非常にさりげなく出てきたはずだ。そのとき、わたしは、はっとした。こういう名前なのかと驚いて。今、探してみたら見つかった。槇、永野夫人、お八重さんの三人が人形浄瑠璃を観に行く場面。女二人が、互いの名前を呼び合うとあり、夫人の名前が暁子《あきこ》とわかる。いい名前だ。読者を裏切らない、凛とした響きがある。この名前ひとつにも象徴されるように、二人の恋は、その中身にふさわしく、表現方法が禁欲的だ。だからこそ、一箇所あふれるように描かれた性愛の場面が忘れられないものとして残る。

この他、日露戦争の現場で、陸軍の軍医として森鷗外が登場したり、彼を取り巻く従軍記者として田山花袋が出てくるのも楽しい。ただし、医者として森鷗外は、兵士たちに多く見られた脚気の原因を、最後まで細菌だとして押し通したことに苦しむ人間として描かれている。槇の方はインドで脚気を研究・治療して帰国したという設定で、脚気の原因を栄養不足と判定、そのための丸薬を作って効果をあげる。二者の対立も読みどころの一つだが、対立というほどあからさまなものでなく、敬うべきは敬い、筋を通す。明治の世には、彼らのように懐の深い大人の男がいた。

何か大きな決断をせねばならないとき、非論理なもの、生の飛躍《エラン・ヴィタール》と呼ばれるものが必要だと著者は書いている。わたしはこの言葉に胸をつかれた。本書に生きる人間たちは、みなどこかで、この飛躍のはてに、ぶつかりあい、前へ前へと突き進んでいるように見える。

森宮に作られた遊郭の、その可否をめぐっても物語は動くが、一葉の「たけくらべ」に出てくる美登利の生まれも、そういえば紀州であり、「たけくらべ」の一文がさりげなく挿入されている。また、米国作家、ジャック・ロンドンまでもが登場し、ドクトル槙や彼の姪は、彼の代表作「荒野の呼び声」を読むのである。そうした箇所に行き会うと、読んでいてわたしは嬉しくなった。この怒濤の小説が同時代の文学へ向ける眼差しが、読者のなかにとても豊かな気分を生む。

空へかかる二重の虹をもって物語は始まり、虹の予感をもって物語は閉じる。槙の姪、千春の魅力がまだ開花せずに終わった感じがあるが、それも作者の目論みの一つだろうか。千春の未来を読んでみたい、と思う。

（毎日新聞社、二〇〇九年）

昭和の筋肉　　橋本治『リア家の人々』

本書の主人公・砺波文三は、今からおよそ百年前に生まれた日本人。彼を家長とする家族の戦後が、一九六七年〜一九六八年をピークとして描かれていく。そのころ八歳〜九歳であったわたしに、羽田闘争も東大紛争もリアリティを持たない過去のできごとだが、それらが本書によって、かなり生々しく立ち上がってきた。

著者は、ある日あるときの砺波家の日常を、漫画の一コマのように執拗に書く。誰が立ち上がって台所へ行き、誰が居間に残り、どんな表情をしたか。新聞を広げたのは誰か、どんな読み方をしたのか、食事のとき、テレビはついていたか、消されていたか、細かく執拗に見たように書く。いや見ただけでなく、生きたように書く。読んでいるわたしもその居間に参加する。テレビを通じ、家族の面々を通して、政治の動きを肌で知ることになる。その臨場感がすばらしい。

また、わたしはこの本で、「官僚」というものについても考えることになった。文三は帝国大学を卒業し、当時の文部省に入省した官僚である。しかし戦後、GHQの公職追放令で職を剝奪され、数年後、今度は公職追放令の解除によって、大臣官房・福利課課長として復職した。

そもそも公職追放が始まったとき、文三はまさか自分は大丈夫だろうと思っていた。それがリストに入っていた。社会全体が変動するとき、それに乗り切れず翻弄される人間がいる。当然のことだ。社会のほうも、前に進むばかりではなく、ときには後ろに進むこともある。その戸惑いやずれが描かれているので、変動そのものが、ここではまだ定着していない、動いているものとして実感できる。

変節をとらえるのは違和感で、違和感とはそこに荷担できない者が持つ感覚。わたしもかつて、周りの同級生たちが、ある時点を境にして、一斉に紺色のリクルートファッションに身を包んだことにショックを受けたことがあった。紺色集団の中で、わたしが着ていた「茶色」のブレザーは浮いた。

怖かった。集団の単位で何かが一斉に動くとき、中身の思想が問われる以前に、人間を襲う動物的感覚がある。それを本書は捕らえている。

大正元年に発表された天皇機関説をめぐる動きについても、対する文三の態度から、実感的に教えられることは多い。

この説、いったんは受け入れられながら、二十三年後に烈しい批判にさらされ、美濃部達吉は貴族院議員辞職に追い込まれた。文三は、学生時代にこの説を読んで、「これは一つの解釈だな」と思い、「〝危険だ〟と言う人間はいるだろうな」と思った。だからその「勘」が後に「当たった」と思うのだが、思っただけで、それ以上は動かない。常に自分がどう思うかでなく、どう思えばよいかを考える。これが官僚だと著者は書いている。

様々なところに、著者の感慨がいきなり入ってくるのも橋本治の小説を読む楽しみだ。

「「新しくなる」ということは、そう簡単なことではないのだ」、「人は、納得をして了解をするのではない。了承せざるをえない状況の中で、その状況に押されて、ただ了承をするのである」等々。コメントは、平成から過去を見直す視点を読者に与える。

題名にリア家とあるように、策略家の長女・次女、父思いの三女が配置されている。母を欠いた家庭は不安定ではらはらするが、姉たちが嫁に出たあと、死んだ母の法要や正月の宴席に一族が集い、今後を話しあう。そのやりとりが生々しい。

嫁に行った娘たちが父と相対する場面で、「文三は、父と向き合った娘の肩の辺りから瘴気のようなものが立ち上るのを感じた」とある。この「瘴気」という言葉に注目した。不思議なことに、単独で取り出すと意味がよくわからない。だが前後の文脈で、意味するところがパッとわかる。暗号のようで面白い。辞書を見れば「山や川に生じ、熱病を起すという悪気や毒気」とある。嫁に行き、夫を得ると娘は変わる。それを一気に実感させる。

一人、この小説にどうしても欠かせぬ人物を忘れていた。東大受験のために田舎から出てきて、砺波家に寄宿する文三の甥だ。秀和といい、この子、非常にいい味を出している。文三との世代の違いを鮮やかに打ち出してくるのみならず、寄宿している肩身の狭さを、だんだんと少しずつ押し広げていく図々しさがある。以前は禁止されていた夕食のテレビが、いつのまにか解禁されていたりするのも、この秀和の親和力だ。文三は孤独で、実は秀和の存在に大いに救われている。その若さが居間に明るさをもたらしていることに、よろこびをもらっている。わたしももらった。この小説の「評論部門」は、官僚を批判的に描くけれども、この小説の「小説部門」は、その官僚であるところの文三を、たとえばこの秀和を通して、とてもあたたかく抱きとめる。

秀和の存在は、ユーモアのない一家を中和させる、道化のような存在だ。東大に落ち、翌年は東大の入試中止にぶちあたる。気の毒だが、彼だけが小説内で未来を背負わされている。おそらく三女・静が好きなのだが、小説のなかでは明言されない。

その静は、この時代の多くの人々が政治に行動をもって参加するなか、決して行動をおこさず、家を献身的に守ろうとする。受け身で素直で何も考えていないようで、しかし最後は、恋人・石原を冷静に判断して、ふる。石原というのは大変、嫌みな男で、生理的に我慢ならないところがあるが、ああ、彼もまた、昭和という時代を肉体化すれば、その一部を担う人物であることは確かなのだ。

石原に対して、静は言う。「あなたが、そんなにバカだとは思ってませんでした」。実にスカッとする発言だ。「バカ」は石原を代表とするこの世代の男たちに投げつけられたものかもしれない。最後、静が強くなって、意志を持つようになり、「静の中にも、やはり「小さな石原」は生まれていた」などと書かれているくだりには笑った。この石原、名前の通りの頑固さがあり、現都知事までもが連想される。昭和の苗字にふさわしい。

本書には、様々な人間の変容が書き留められているが、それと同じレベルで政治の変動が捕らえられている。というか、わたしはそう読んで面白かった。あの時代が肉体をもって立ち上がってくるのだ。

（新潮社、二〇〇九年）

草をわけ、声がいく　津島佑子『黄金の夢の歌』

キルギス民族には、「マナス」と呼ばれる長大な英雄叙事詩があるという。マナスチ（マナスの語り部）たちによって詠い継がれてきた口承文芸で、文字として記録され始めたのは、第二次世界大戦後のことであるらしい。本書には、その「夢の歌」を求めて、キルギスから内蒙古、中国にまたがる中央アジアを「あなた」が旅した足跡が綴られている。

聴いてみたい。マナスって一体どんな声でどんなふうに歌われるのか。

わたしはこのような叙事詩の存在を、本書を読むまで知らなかった。現在、その本体は若松寛さんの翻訳によって詠むことができる（東洋文庫の三巻本）。わたしはまず、「少年篇」を読み始めたばかりのところでこの書評を書いているが、併せて読むと、夢に現れたリンゴや竜、馬だとか吉報を意味するスユンチなど、象徴的なキーワードが響き合って、本書の世界が一層クリアになってきた。

キルギスは、周りを中国、カザフスタン、ウズベキスタンなどに囲まれていて、いわば国境だらけであるから、その歴史も文化も単色でなく複雑に入り組んでいて、なかなかすっきりとは頭に入って来ないのである。そういう意味での難所は本書にもあった。だが全編を貫いて、強い歌声が通っていて、それに導かれるようにいつのまにか読了した。覚めたまま夢を見ているような感じであった。

「あなた」という二人称で書かれている。この人称が、本書の世界観を決めたような気がする。キルギスの青空さながら、小説の天井がぐっと高まり、時空間が広がった。中央アジアを旅する主に、「わたし」という、告白体の一人称はだいぶ窮屈だ。もっとも本書で言う「あなた」は、ほとんど「わたし」のこと。一人称の二人称だ。だがどうだろう。「自己との対話」以上のものが、「あなた」から響いてこないだろうか。

この小説には、どうしたって、わたしが「わたし」の枠外へ一旦出て、外側から自分を眺める目が必要だった。繰り返すが、それは必ずしも、「自分が自分を見る」ということだけを意味しない。本書には、自分以外の誰かが、あなた＝わたしを見ている感触がある。

誰かとはたとえば「男の子」だ。敵と戦い、冒険しながらこの世界を進んでいく英雄的存在。それは叙事詩に現れる一人の少年英雄、マナスといってもいいが、もっと広く抽象的に、いつか父親となるべく成熟に向かって成長を続ける一人の少年といってもいい。最後まで読んでいくと、かつて様々な理由から様々な場所で死んだ、成長しない子どもたちのことかとも思われてくる。死んでもその子は存在していて、雨となり雲となり風となって、人間に歌いかけ語りかけているのだ。

透明で力強い、そんな男の子に、「あなた」は見られている。これを書いているわたしも見つめられている。読んでいるあいだじゅう、そんな気がした。

「あなた」は、旅の出発地・ビシュケクのユネスコ事務所で、マナスの歌声を聴く。「それは、どこかウマの走りのリズムを、あなたに感じさせた。四拍子でうたわれ、三拍めが強く跳ねあがる。トット、トット、タン、ト、という感じ」。「トット、トット、タン、ト」は、歌声を途切れさせない魔法の合いの手のように、その後も時折、文中に現れる。

わたしは数年前、オーストラリアで聴いたある声を思い出していた。詩祭の歓迎式で、アボリジニの血をひく女性パフォーマーが、アボリジニに伝わる詩を歌ってくれたのだ。「ディナンジャー、ディナンジャー、ディナンジャー」と、その意味はいまだにわからないのだけれど、呪文のような低い声音が、あれ以来、わたしにとりついた。民族を越え、人間の本能に働きかけるような、それは地響きの歌声だった。あんな声が聴きたかった。わたしは今も聴きたいのだ。本書のなかにも、このアボリジニやアイヌのユカラへの言及がある。わたしには著者の興味と渇望の在り所が、とてもよくわかるような気がする。

これは個人的なことかもしれないけれど、わたしはここ何年も、現代日本のなかで詩を読んだり書いたりすることに、息苦しさを覚えていた。端的に言えば、もっと土に近い、源の歌を欲していた。もしかしたらわたしだけのことではないかもしれない。生々しい歌がこの時代から干上がってしまった。いや、歌は、本質的には消えはしないのだろう。聴く耳の穴のほうが、ふさがれているだけなのかも。

歌を求める心と平行して、本書には、「野生動物」や「自然」、「子供たち」への豊かなまなざしもある。中央アジアに棲息するという、アルガリとかガゼル、ユキヒョウやオオカミ。マナスが聴きたいと願う、その同じ強さで、「あなた」は、野生動物を見たいと願い、同じように大きな川を、高い山を見たいと思う。

面白いのは、そうしたまなざしが、一方通行でなく、交流的であること。たとえば「子ども」へのまなざしが、同時に「子ども」からのまなざしをも伴っていて、双方が豊かに交感する。「声をかけようとすると、するりと逃げていく」のに、「いつの間にかまた、足音もなくあらわれる」男の子。カラコルへ向かう途中、道に迷い、たどり着いた「子どもの家」には、あやとりをしていた女の子たちがいたが、読みながらわたしは少女だった自分が、そのなかに混ざっているような気がした。

最後の章には、湖水での水浴という重要な場面がある。かつて「あなた」は、まだ四十歳にもとどかない頃、「ヨーロッパの北のはずれにある国の山村」の湖で、地元の女性に誘われ泳いだことがあった。泳いでサウナであたたまり、そしてまた冷たい湖で泳ぐ。それを繰り返す。繰り返すと、「生き返るわ」と彼女は言った。その二年前、男の子を「夢の時代」に見送っていた「あなた」。その「あなた」の、水でびしょびしょになった笑顔を見届けて、彼女は言った。「よかった、あなたは生きていける！　生き返ったわ！」。水のなかにも歌があった。泳ぐことも歌うことだった。水のなかから現れた男の子は「人間が「夢の歌」を思いだすたびに、ぼくたちは生き返る。だから、ぼくたちも人間を待ちつづける。待つって、うたうことなんだよ」と言うが、ここに至り、わたしは自分の頭蓋骨がはずれ、天空にまで膨張した、と感じたのだ。

（講談社、二〇一〇年）

灰だらけの希望に

奇跡の渦巻き　ガルシア＝マルケス『わが悲しき娼婦たちの思い出』『コレラの時代の愛』

ガルシア＝マルケスの全小説が、いま、相次いで刊行されている。現在、手にすることができるのは『わが悲しき娼婦たちの思い出』、そして『コレラの時代の愛』。川端康成の「眠れる美女」に想を得たという前者は、二年前に発表された新作だが、後者のほうは、二十一年前に刊行された、怒濤の長編小説だ。

どちらの作品にも、老齢・色好みの男主人公が登場する。女の魅力にあまりに易々と傾く彼らは、死が常に至近距離に意識されている分、粋で軽妙、ユーモラス、尊厳があって哀しみに満ちている。

『わが悲しき娼婦たちの思い出』は、「満九十歳の誕生日に、うら若い処女を狂ったように愛して、自分の誕生日祝いにしようと考えた」男が、十四になるかならないかの娼婦と数度、機会を持つも、少女が眠りこんでしまったりで、うまくことが運ばずという、その顚末を描いたもの。

一方、『コレラの時代の愛』は、半世紀、一人の女を思って、独身を貫いた男の話。一途とはいえ、この男、その都度気のむくまま、様々な女性遍歴も重ねてきた。内戦やコレラ流行などで、至るところに死体がころがっている、そういう時代を背景として、男は女たちとの肉体的恋愛に燃えるが、物語の最後、意中の人と船旅に出たとき、二人は既に七十を超えていた。老醜のすえた匂いを自他の肉体にかぎ、二人は皺よった皮膚で愛しあう。

少女を斡旋した、娼家の女主人は言う。「まじめな話、魂の問題は横へ置いて、生きているうちに愛を込めて愛し合うという奇跡を味わわないといけないわ」。うん。そのとおりね。そしてマルケスの作品は、実にその奇跡の渦巻きで出来ている。

男が女を愛するというシンプルな物語の骨組みを、南米・コロンビアのエキゾチックな風景描写が肉付け、豊穣なイメージが作中を乱舞する。とにかく飽きさせないのは、さすがマルケス。

訳者による「解説」は、読後のもう一つの楽しみである。マルケスの世界を俯瞰しつつ、この訳者もまた、渦に巻き込まれた一人とわかる。

（ともに木村榮一訳、新潮社、二〇〇六年）

成熟した大人の冷たいあたたかさ　バーバラ・ピム『秋の四重奏』

バーバラ・ピムの名は、日本ではほとんど知られていない。英国で生まれた女性作家で、二十世紀を横断するように生きて死んだ。本国では長く忘れられていたが、「過小評価されている作家」という評価により、蘇ったのだという。なるほど本書も地味な作品だ。だがここにある、静けさと諦念、冷たいあたたかさに満ちた独特の視線は、一度でもそれに触れた人に、深い余韻を残さずにはおかない。

七〇年代のロンドンが舞台。四人の男女が登場する。廃部寸前の部署で、共に長く働いた同僚たち。

かつては結婚し子を持つ者もいるが、いまは皆、一人暮らし。しかも退職は目前に迫っている。会社勤めをしたことがある人なら思いあたるはずだが、「同僚」とは、実に不思議な関係である。生活の糧を稼ぐという、割り切ったビジネスの仲間でありながら、一日のほとんどの時間をいっしょに過ごす。だから互いの人間性については熟知している。近いようで遠い、遠いようで近い。実に微妙な距離がある。

本書のなかの四人もそうだ。内心では互いを冷ややかに見つめているが、無関心というわけじゃない。過去にほのかな感情をもったこともあったのかもしれない。けれど現在は、生々しい感情も濾過されている。ランチタイムはばらばらに過ごし、それぞれの家を訪ねたこともない。それでも誰かが退職した、病気だ、死んだとなれば、ぎゅっと集合し結束もする。普段は相手の領域に、踏み込まないし踏み込ませない。けれど許されるぎりぎりまでいくのだ。ぎりぎりまで。近寄って離れてまた近寄る。そんな絶妙な思いの行き来が、細かく丁寧にすくい上げられていく。

一人一人は孤独でしんどいし、心細い。でも立っている。たった一人で。そこには忘れかけた人間の尊厳があり、だからこそ生まれる、他者へのあたたかい共感がある。わたしは久しぶりに、成熟した大人を見たという気がした。

老いは過程であって、人生がそこで定まるわけではない。いつだって人間は、人生の途上なのだ。そしてその途上で、完成などという価値観とは無縁に死ぬ。そのことを本書は、「幸福な恩寵」と感じさせてくれる。

（小野寺健訳、みすず書房、二〇〇六年）

「わたし」の核と核を結ぶ精神の旅　アルフォンソ・リンギス『信頼』

ここに収められた二十一の文章は、旅という経験を通して紡がれた瑞々しい思索の跡である。読者は前提も説明もなく、いきなりある土地のある瞬間へと送り込まれる。そこでわたしたちが受け取るのは、情報や知識でなく、未知なるものに出会ったときの、悦びや怖れ、生々しい情動のほとばしりだ。意味の体系に縛られた身体を、緩やかに解くものが文章から湧き上がる。

取り上げられている場所の多くは、中東、南米、アフリカの都市など、不安な社会体制下にあり、宗教的対立や貧困を抱えた国。野性に満ちた土地の風景から、そこに生きる人間が炙り出されてくる。

ある章では、サハラ砂漠を通ってアラワーヌという聖地へ。案内人の現地人たちは、驚くべき記憶力と注意力で、目印もない砂漠の道なき道をゆき、目的の地まで著者たちを導く。砂に半分埋もれた「バンコ」と呼ばれる土の家、井戸に皮袋を落として水を汲む方法。読者にとって、見知らぬ地名、見知らぬ言葉が、光となって輝き、風として通過する。

独特の腕力を備えた文章に、読者の魂は、机上から遥か異郷の地へと吹き飛ばされていくが、その遠心力によってもたらされる眩暈が、本書を読む大きなよろこびだ。吹き飛ばされてふと我に返り、自分の今とここが、相対化されて見えてくる。その振幅が、実際の旅のなかに、もう一つ別の、精神の旅を生む。

「地球上の最貧十カ国のひとつ」マダガスカル島は、「絶滅の危機に瀕する固有種」が多く棲息するアフリカ南東の島。そこで著者は、言葉も通じない現地の若者に、命と財産を託す。見知らぬ人間を信頼するには勇気が必要だ。だが、ひとたび相手を信頼すれば、相手の側にも、信頼されているという自己への信頼を引き起こし、信頼が信頼を増幅させていくのだとリンギスは言う。そして信頼の絆は、社会的な衣をはぎとった、リアルな個人、「わたし」の核と核を結ぶと。

身体の細胞が活性化してくる本だ。タイトルの二文字が、読後、清冽な響きで胸に刻まれる。

（岩本正恵訳、青土社、二〇〇六年）

感動を超える痛烈で荒々しい神秘　ウィリアム・トレヴァー『聖母の贈り物』

カバーの折り返しに、頑固そうな老人の写真。ああ、このじいさんか、とわたしは思う。深くくっきりと刻まれた皺。尖った耳。眼は鋭い。鋼のような視線。だが口角はかすかに上がり、微笑みのようなものが浮かんでいる。ウィリアム・トレヴァー。この本の作者。顔から受ける印象は、彼の作品にそのまま通底する。

あるアンソロジーでこの作家に出会った。容赦がないのに、どこか一箇所、絶望を裏返す温かみのある作品で、一読、しびれた記憶がある。本書はその彼の、本邦初となる短編コレクション。

三部作「マティルダのイングランド」は、なかでも柱となるすばらしい作品だ。田園屋敷を舞台に、その一角の農場に住む「わたし」の半生が描かれる。途中、第二次世界大戦が勃発し、父や兄、姉の恋人が兵役に。父は帰らず、母は新しい男を見つける。生地店で働くその人は、やがて「わたし」の父になるが、「わたし」は生涯、彼を好きになれない。

多感な彼女の心に寄り添ううち、わたしは「わたし」になりぼろぼろ泣いた。それだけでも十分のはずだったが、トレヴァーは、単なる感動に物語を落とさず、さらに、痛烈で荒々しい神秘をそこに加える。

物語はここに一人の老女を配するのだが、彼女の存在が、「よくできた家族小説」の枠を壊し、呆然とするような人生の深淵へと、読者を突き落とすのである。そこに至っては、涙も引っ込む。トレヴァーの作品には、こうしてリアリティを積み重ねた地上から、不意に離陸する瞬間がある。その聖なる一瞬に作品の命がある。高みから見下ろす著者の視線は、非情さをもって真実を照らし出すが、そのとき読者には涙でなく、より深い、沈黙の慟哭がわきあがるのだ。

宝石のような一編、表題作を始めとして、本書には、そうなるしかなかった生の悲惨が、至る所、癒えない傷のように口を開く。この作家は、そうした運命の只中にいる人々を、決してすくい上げず、ただ見つめる。あまりに強く見つめるので、わたしにはそれが「愛」のように見える。

（栩木伸明訳、国書刊行会、二〇〇七年）

「過程」にやどる説得力　ディーノ・ブッツァーティ『神を見た犬』

本書は、ブッツァーティの短編集である。本邦初訳を含む、二十二編が収められている。二十世紀初頭、北イタリアで生まれた作家は、六十五歳で死ぬまでに、苦い機知に富む幻想譚を、数多く書き残した。

ジャーナリストとしても活躍したことがあるだけに、文章は簡潔で駆動力があり、読者を乗せたならノンストップで、一直線にがんがん走る。四輪駆動のジープに乗っているようで、安定感はあるのだが、読者は一体、どこへ運ばれるのであろうかと、常に不安で心もとない。

「七階」を紹介しよう。

ある日、評判の療養所に入院することになったジュゼッペ・コルテ。若い看護婦から、妙なことを聞く。この病院では、病気の程度によって患者が各階にふりわけられているというのだ。階が下るごとに、患者も重症の者となり、一階ともなれば、生存ののぞみは薄い。

七階の最上階に、ごく軽い症状で入院した彼、最初は他人事として聞いていたが、数日後から、下へ、下へと、階を下ろされていく。病気が悪化しているというわけではない。すべては病院側のちょっとした都合。のはずなのだが、気分は悪い。疑いたくもなる。医師は、気にするな、悪くとるなと言う。だがついに彼は、一階にまで下ろされてしまう。そこで彼が、見たものは何か。

プロットが完璧で、作品全体に動かしようのない印象があるため、窮屈さを覚える読者がいるかもしれない。けれども彼の作品が持つ結末は、いわゆる「オチ」とは異なるものだ。オチのために作品があるのではなく、そこに至る「過程」に作品のすべてがあり、その過程に絶大な説得力がある。

「七階」に即して言えば、わたしたちの現実は、常に一階にあり、その意味で言えば、人間とは、どんな健康な人でも、いわばいつでも死に近い、重症患者たちであると言えるのだが、この一見、絶望的な見方が、あたたかく感じられるのはなぜか。寂寞感があるのに、極めて爽快なのはなぜか。わたしにもうまく説明できない。真実とは、そういうものだから。だからブッツァーティを、わたしたちは読むのだろう。

（関口英子訳、光文社古典新訳文庫、二〇〇七年）

鈍痛なるユーモア　ヨシップ・ノヴァコヴィッチ『四月馬鹿』

複雑な多民族国家・旧ユーゴスラヴィアを舞台に、主人公、イヴァンの生涯が綴られる。チトー大統領が死去し、民族紛争が激化していくなか、不安定な政情に運命を翻弄されながら、彼は不条理そのものを生き抜いていく。

全篇、さびついた鉄の味わい。生々しい現実を立ち上げていく、無愛想で力強い文章が魅力的だ。題名は、イヴァンの誕生日（四月一日）にちなんだものだが、馬鹿は本書のキーワードである。馬と鹿のようにかみあわないコトやモノやヒトが、次から次へと登場する。

冒頭、イヴァンの父親が、不具となって戦場から戻ってくるが、彼がジャガイモの袋につめて持ち帰ったものは、自分の切断された腕と足だった。「いつの日か科学の力で手足を復元できると考えて」。

自分の腐った肉体を運ぶ人。鈍重な笑いが腹の底で響く。希望というものは、どこにも見当たらない。戦争、レイプ、セックス、友人、家族。人間の関係は殺伐としており、徴兵されたイヴァンが初めて人を殺すことになる場面は、初めてイヴァンが人妻とセックスすることになる場面と、同じ感覚で並べられる。この人情を排した小説世界が、しかしなぜ愛のようなものを想起させるのだろう。イヴァンの人生は悪夢といっていい。将来を嘱望される優秀な医者の卵だったのに、実に馬鹿げたことで一切がおじゃん。我々ならば、切れるか引きこもるか高いところから飛び降りてしまおうかという気分になるところ。

だがどんな悲劇をも、彼は「鈍痛」のように引き受けて、じわじわと、まるでカタツムリのように進むのである。りっぱだね、とは読者も思わないし、誰も言わない。もちろん本人も。展開していく現実を、ただ、ひとつひとつ、飲み込んで進むだけ。そこにタフなユーモアが漂う。いつしかわたしたちは、イヴァンという馬鹿に自分自身を重ねて見ることになる。

最後、彼は唐突な死を迎えるが、その後、墓穴から地上へ復活する。幽霊なのか、生き返ったのか？　現実を突き破る小説の力に、ただ呆然となって我を忘れる。（岩本正恵訳、白水社、二〇〇八年）

貪欲に生き抜く五世代の歴史　ロラン・ゴデ『スコルタの太陽』

十五年の刑期を終えた男が、ある日、ロバに乗って、モンテプッチョの村へ現われる。彼は一人の女を犯すためにやってきた。目当ての姉でなく、実はその妹だったという誤解はあったが、男は目的を果たし、そして死ぬ。犯された女は男児「ロッコ」を産み、ここに一族の呪われた運命が走り出す。

南イタリア・プーリア地方。スコルタ家・五世代を貫く、血の歴史が語られる。

その文章世界は、南の太陽の陽射しそのものだ。読み終えたとき、全身に日焼けをおったような、けだるく重い疲労感が残る。愛のため、復讐のため、金のため、家族のため、名誉のため、スコルタの男たちは罪を犯してまでも、土埃にまみれ、汗をかき、貪欲な生を生き抜くのだ。その活力は、彼らの罪を焼き尽くすほどに熱いので、どれほど悪が描かれようと、汚いという感じがしない。

彼らの肉体は乾きを熟知している。この乾きとは非情なもの。人間の本能に、直接結びついた根っこのようなもの。乾きがあるからこそ、人は水を求めて生きようとする。乾きが真の意味で充たされるとき、おそらく人は死ぬのだろう。

それを静かに証明するように、スコルタ家のならず者たちは、大地のような顔に深い皺を刻みながら、一人一人、折れた矢のごとく、自分の死を見つめ、崇高に死んでいく。

物語は、語り手として、作者のほかにもう一人、一族の妹・カルメーラを配置した。彼女は、そもそもロッコとムータ（唖者）のあいだに生まれ、土地では、「口なし」と呼ばれていた。その、口のないひとが語りだすとき、小説は、死者の語る「神話」という様相をにわかに帯びる。

一族が集う饗宴の場面は、神々の食卓を思わせる、野性的な幸福に満ちたものだ。次々と並べられるおいしそうな料理、それに食らい付き、飲み、しゃべり、笑う男たち女たち。読んでいると、毛穴が開き、自分の肉体から、塩辛い汗が、噴き出すように感じられる。

太古から、人間のなかに燃え盛ってきた、静かな青白い狂気の炎。そんなものを、わたしはこの本で、見たような気がする。

（新島進訳、河出書房新社、二〇〇八年）

闘いながら生きる命の弾力　コラム・マッキャン『ゾリ』

ゾリとは、この物語の女主人公の名前である。彼女はロマ（ジプシー）の一員として生まれた。一九三〇年代のチェコスロバキア。六歳だったゾリは、親ナチスのフリンカ親衛隊に、家族を理不尽なやり方で殺されて、ジージ（祖父）と二人、偶然、生き残る。受難の人生の始まりである。

ロマについて、わたしはほとんど知識を持たない。持たないくせに「定住せず、物ごいや占い、音楽などで、わずかの金を稼ぐ者」という根拠不明のイメージだけは持っていた。この本には、そんなロマへの思い込みを、しなやかにそり返す不思議な弾力がある。それは、常にロマという出自と闘いながら生き抜くことになった、ゾリの命の弾力といっていいだろう。

インテリのジージに文字の読み書きを教わり、ロマの伝承歌を覚え、やがては詩を書くようになるゾリだが、そうした態度が、文字を持たないロマの行動規範に背き、「ケガレ」とされて終生追放されてしまう。

そこからの彼女の人生は壮絶なものとなる。施しを受け、盗みも働き、レイプされそうになれば、もっていたナイフで男の目をえぐる。虫歯で痛む歯は、靴ひもを輪にして、それをひっかけ自分で抜き取って進む。血だらけ、傷だらけ、常に空腹。地べたをはいまわる姿は、まさしく孤独な獣である。

そんな彼女にも、二度のあたたかな結婚があり、幼なじみとのかすかな心の通い合いもあった。だが最後、娘たちの世代から、皮肉にも、かつて追放されたところのロマという出自に光をあてられることになる。そのときほど、ゾリの孤独が際立つことはない。

しかしこの孤独につきあたったとき、わたしは真の意味でゾリに出会ったような気がした。そこに、わたし自身を見たからである。

本書が、ロマの暮らしに取材し、多くの研究書からヒントを得て書かれた「小説」であることに、あらためて驚かざるを得ない。ゾリという女のみずみずしい存在感。彼女の強い目の力に、この一冊は、刺し抜かれている。

（栩木伸明訳、みすず書房、二〇〇八年）

想像力をはるかに超えた経験の世界へと誘う短編　ジャック・ロンドン『火を熾す』

タイトルに惹かれて、手に取った。火を熾《おこ》す。原題は、*To Build a Fire*。失われた野性に、一瞬、スイッチが入るような、懐かしくも鋭い題名である。九編の短編が収められている。表題作を紹介しよう。

仲間のいる野営地をめざし、厳寒の地を、単独で歩く「男」がいる。「ユーコン川」が出てくるので、カナダからアラスカ州にかけての曠野だろうか。摂氏に直せば零下五十度近い。そんな極限を行くにしては、「男」の装備は軽装である。彼の後には、一匹のエスキモー犬が、生の証人のように付いて歩く。

ジャック・ロンドンの文章は、詩を内奥に秘めて強い。凍てつく空気そのものを、わたしたちの肺に送りこむ。なんという体感的な文章世界だろう。感情移入などという生易しいものではない。ここでは読むことと感じることが一体化してしまう。読者は眼でなく皮膚で読む。寒いのではない。痛いのだ。痛いのではない。もはや、感じない。そこから先の、無の世界にまで、読者をひっぱっていく筆力はみごとなものだ。

「男」は闘い、突き進むが、自然はどこまでも非情である。一切の感傷なしに、「男」の肉体に起こる変化が、強靭で透明な視線をもって語られていく。その語り方に、戦慄を覚える。小説は、読む者が「想像力」を駆使して味わうものだと一般的には考えられている。だがこのような作品に出会うと、「想像力」などという言葉が、感傷的で柔《やわ》に聞こえる。

わたしたちは、この作品集で、想像力をはるかに超えた、じかな経験の世界に入ることになる。まるで自分の指が凍傷によってもげてしまうかのような、言葉による圧倒的な自然体験。

九編は、それぞれに味わいが違うが、どこかにみな、生と死が交差する一瞬があり、その感触に、おおのくような荘厳さがある。

ジャック・ロンドンは、アメリカの作家。二十世紀初頭に活躍し、多くの短編、長編を残した。四十で自殺。初めて読んだ作家である。言葉を失う。一目ぼれ、いや、一読ぼれだ。

（柴田元幸訳、スイッチ・パブリッシング、二〇〇八年）

詩という異物をはらむ小説　ラビンドラナート・タゴール『最後の詩』

タゴールと同時代作家を日本に探すと、鷗外や露伴、漱石の名があがる。もっともタゴールはその誰よりも長生きし（八十歳）、ガンディーらの印度独立運動を支援しながら詩と小説を旺盛に書き続けた。本書はその彼の六十代の作品。若い男女の恋愛と結婚を扱っている。

男はオミト。文学的才能はあるが現実認識が今一つ弱い、上流階級の弁護士である。女はラボンノロタ。父の期待を背負った真面目な才媛で、家庭教師として働いている。彼らの愛情は真摯だが、一致よりも自由のため「別居結婚」を夢みるなど、危なっかしい一面も。結局は階級を乗り越えられずに、それぞれ別の昔なじみと結婚することになる。

小説内では、詩が大切な役割を担わされている。恋人たちは詩を朗唱し、自分の感情を詩に託す。タゴール自身の詩が、「タゴールの詩」として出てきたりする。自画自賛の充足に落ちることなく、オミトに自分の詩を、一つの権威として批判させているところは、当然の流れながら面白い。

タゴールの詩は自然や神を謳った、抽象度の高い大柄なものが多い。本書においても、そうした詩の力が全体を統御し、恋愛の生々しさは影を潜めて、崇高さ、清冽さが押し出される。ラボンノに対する女たちの嫉妬など、俗に通じる場面も読ませるが、「結婚しない」男女の感情を、高みに練り上げていくその力は、やっぱり詩と詩人のものだろう。

ラボンノがオミトへ送った最後の手紙に、同封されていたのが、題名にもなった〈最後の詩〉。訳者解説によれば、ベンガルでは、この「詩」を暗唱している人によく出会うそうだ。抽象的な詩だが、そもそもベンガル語が、抽象度の高い言語であるとのこと。訳者はまた、タゴールと兄嫁（タゴールが結婚した翌年、自殺）の関係に触れ、作品に関わる興味深い指摘をしている。思わず、漱石を連想した。

内容面、構造面から、非常に多角的な読み方が促される小説だ。別れを歌っても異様に前向きで、子供の無垢に触れたような豊かさが、本書全体から響いてくる。（臼田雅之訳、北星堂書店、二〇〇九年）

イタリアの若き物理学者が描く、淡くいびつな恋愛譚　パオロ・ジョルダーノ『素数たちの孤独』

「恋愛小説」と呼ぶにはどこかいびつで、余りの出る小説である。不器用な男女、マッティアとアリーチェが登場する。出会いは思春期の頃。幼少時の事件・事故により、彼らはそれぞれ心身に大きな傷を負っている。二人は「恋愛」を始めようとするが、うまく始められず、始められなかったものを終えることもできず、それでも相手への、どこか友情のような思いを、離れても（一方が結婚しても）長く持ち続ける。

それぞれの孤独は、数学に才を持つマッティアにからめて、「双子素数」になぞらえられている。例えば11と13のように、間に偶数をはさみながら、決して触れ合うことができないと。読んでいると、二人の仲より、それぞれの孤独がどのように生を切り開いていくのか、そっちのほうを、なんとしてでも見届けなければという思いにかられる。

物語に深みを与えているのは子供時代の記述である。マッティアが、公園に置き去りにした障害のある妹、ミケーラ。行方不明となった彼女は川へ落ちたことが暗示されるが、結末は書かれていない。

水のなかをたゆたう死者・ミケーラのイメージは、最後までこの物語を、ゆりかごのように揺さぶり続ける。

一方、アリーチェは、子供時代のスキー事故により片足が不自由となり、その後の摂食障害から生理も止まって、子供が産めない状態になるが、彼女のなかに見え隠れするのも、きらめく雪原を滑り降りて来る、独りの少女の姿である。

二人は大人になっても、どこか成長のとまった、ナイフのような心で相手を愛する。互いを傷つけずにはいられないのだ。

作者の描き方は、提示するだけ。いかなる場面でも「結末」を描かない。人生に、わかりやすいピリオドを打つのは堕落した物語だ。二人の主人公は、ありきたりの物語から逃走する。逃げ続ける彼らを追いかけよ。そんな誘惑の声が聞こえてくる。一気に読ませる通俗性も魅力だ。


（飯田亮介訳、早川書房、二〇〇九年）

記憶を運ぶ意識の流れ　リディア・デイヴィス『話の終わり』

記憶とは、自分のものでありながら制御できないやっかいなものである。なぜあるものを覚えていて他のものを忘れてしまうのか。覚えていることが本当にあったことなのか、あるいは無意識のうちに作ったものなのか。

リディア・デイヴィスは、初の長編で、恋愛の記憶に挑んでいる。恋の顚末を、時間軸に沿って語ったものではない。ここにはいくつかの意識の層がある。主軸にあるのは、小説の語り手である「私」が、十二歳年下の男と知り合って愛し合い、やがては別れを迎えるまでのいきさつだが、「私」がその一連の出来事を、小説に書いていくという設定が重ねられている。

恋する「私」、書く「私」、それらの「私」を逐次、検証していく「私」。「私」のなかに耽溺した、実験的で息苦しい小説のように思われたら、大変な誤解である。個人のなかに仕舞われてある感情が、驚くばかりに精緻に描かれ、読んでいる者自身の過去の記憶も、生々しく引きずり出されるが、そうかと思えば世界が俯瞰され、鋭く哲学的な思考へと、ふわり、誘われる瞬間にも出会う。

恋の終わりをなかなか受け入れられなかった「私」が、彼の最後の住所を探し、疲れ果てて座り込んだある書店で、浮浪者と勘違いされたか、店員から苦い紅茶を差し出されるシーンがある。冒頭と末尾に現れる大事な場面であるが、最後まで読んだとき、紅茶の苦みのなかに、小説全部がぐるりとひっくり返り、入ってしまったかのような感覚を覚えた。それまで並行して流れていた、書く現在と経験の過去。それが一杯の紅茶によって、不意にぱたりと閉じ合わされる。

読んでいると、身体細胞に生々しい「変化」を覚える箇所がある。追いかけていた彼を意識がふっと手放す瞬間。あるいは彼でない第三者が自分に侵入してくる瞬間。意識の「転身」するそんな瞬間を、著者は生き物のように描いている。

意識が流れるのと同じ感触で、文章が書かれていく。だから読み出したら止まらない。恐ろしいほどの面白さ。

（岸本佐知子訳、作品社、二〇一〇年）

人生に押される、肯定の烙印　イーユン・リー『千年の祈り』

十の短編を収めた本である。著者のイーユン・リーは、一九七二年、文化大革命のさなかに北京で生まれた。篠森ゆりこさんによる「訳者あとがき」によれば、大学を卒業後に渡米。免疫学を学びながら創作に勤しみ、ついには書くことにおいて、自己を見出したらしい。

母国語＝中国語でなく、英語で書く。「中国語で書くときは自己検閲して」しまい「書けなかった」、だから英語という「新たに使える言語が見つかり、幸運だと思う」と語ったとある。不安定な政治状況下、言論を統制されながら生きてきた著者ならではの実感だと思う。

そもそも母語とは、それをもって表現しようとする者の、枷となり抑圧にもなるものである。母語でない言語で表現する作家は、ふたつの言語を練りあわし、混合することで独特なものを創り上げるというより、どうしても練りあわすことができない狭間を認識するが故に、その不自由さ、その孤独あるいは諦念のなかで、独白の世界を創りあげていくのではないか。

そういう言語のあり方は、本書に描かれている人間たちの普遍的な姿にも通じるものだ。ここには共に生きていながら、理解されず、共同体から外れていく、あるいは既に外れてしまった人間の孤独が、温もりを持って描かれている。人と人との間には、どうにも解消し得ない距離があるのだが、そのことが、絶望や虚無に、簡単に落ちない。

「黄昏」は、障害児・貝貝《ベイベイ》を育てる蘇《スウ》夫妻と、方《ファン》夫妻の四人がおりなす話。古い慣習の残る閉鎖的な社会では、貝貝の存在は、夫妻に愛されながらも、徹底的に隠すべきものとして扱われる。蘇夫妻はそもそもいとこ同士で、親戚一同から結婚に反対されたという経緯があった。貝貝が十歳になったとき、もう一人子を作ろうと夫が言い、できた男の子は、今、姉から逃れるようにして、大学の寮にいる。辛抱強い蘇夫人の介護、共産圏で夫たちがたしなむ株売買の様子、真剣でユーモラスな方氏の恋、妻の嫉妬、そしてかつての夢と現実のはざま……。夫婦といえども、ばらばらで、それぞれに、生活の不具合を抱えて生きている。

こうした孤独な人々の現実を描きながら、著者はそこに、マジックのように、力強い幸福のビジョンを、ぱっと獰猛に立ち上げる（これはもう、読んで味わってもらうほかはないが）。むごい現実も、その一瞬に、稲光のようなものによって洗浄される。きれいなものになるという意味ではない。醜さもずるさも哀しみも、それが人間であることの証拠だというように、大きな肯定の烙印を押されるのである。

そのとき、文章のなかからほとばしる、どろりと熱い人間の感情。小説を読むこのわたしの感情も、いきなり溶解し流れ出す。ああ、生きているのだとわたしは思う。

（篠森ゆりこ訳、新潮社、二〇〇七年）

ルーマニアの血と土と酒の匂い　ヘルタ・ミュラー『狙われたキツネ』

昭和天皇が崩御し、「平成」が始まった一九八九年、本書の舞台、東欧ルーマニアで政変が起こった。共産党一党独裁支配として、長く政権を握ってきたチャウシェスク党書記長兼大統領とその妻が、反体制派によって処刑されたのである。処刑前後の夫妻の姿は放映され、わたしも驚きとともに見た記憶がある。血を流さなければ変わらないものがある。それはここ日本において眺めると、どこか遠い国の話であった。しかしその距離を、本書の言葉は一気に縫い縮める力を持っている。

アディーナとクララの女二人が、物語の中心にいる。クララは〈権力の閑静な住宅街〉に住むパヴェルという高級将校と不倫の仲。彼のお蔭で様々な恩恵を被るが、一方、教師・アディーナは体制（学校）批判を口にしたため秘密警察のターゲットにされる。命が奪われかねない恐怖政治。クララは二人の間で板挟みになり、アディーナは元恋人の医者・パウルとともに田舎の友人宅に身を隠す。

チャウシェスク政権崩壊前の、秘密警察による弾圧・検閲、経済逼迫による物資不足、急激な工業化による健康や自然被害。本書には、子供たちのイボだらけの指や黄変したポプラ並木、度々の停電で闇と化した道をペンライトを持って歩く人々などが描かれている。工場の門番が行う「持ち物検査」では、「その手で顔をいじりまわされたような気になる」と。ちなみにタイトルはキツネの毛の敷物に由来するが、それもまた他者が侵入してくる不気味さのバロメーターとして使われている。

だがこの小説には、もう一つの側面がある。夢や隠喩、ことわざ、挿話などを駆使しながら、光と影で構成されたこの現実世界を、強度のある言語で抽象化しているのである。主軸となるストーリーとは一見無関係なイメージが、読者の心に積もっていき、作品全体のリアリティを支える。

例えば、アディーナが子供の頃仕立ててもらった夏服の逆さまになった樹木の模様。例えば〈スイカの血〉＝生理の血液を、愛する男の飲み物に一さじ入れると、男が自分から絶対に離れないという生々しい話。ぼろ切れに自分のつばきを垂らし、節くれだった手で林檎を磨く老婆の姿や壊れた電話ボックスで死んだアル中の男も忘れられない。男の死はツイカ（ルーマニアの蒸留酒）の匂いがしたという。「もし、魂なんてものがあるんなら、それは、この男が死ぬ前に飲んだ最後の一滴のことじゃないかな。胃袋が消化しきれなかったもの、それが魂なのさ」。管理人は、死んだ男の持っていた空き瓶を、草むらに投げながらそんなことをつぶやく。

読後に残る消化しきれなかったもの。それをどう名付けたらよいだろう。そう思ったとき、わたしはこの〈魂〉という言葉を思い出した。わたしたち読者は、この作品で、見知らぬ死者の〈魂〉と、一瞬すれ違うことになる。そしてそのとき、ルーマニアの、「血と土と酒」の匂いを嗅ぐだろう。

（山本浩司訳、三修社、二〇〇九年）

複製の概念が「命」を押しつぶす戦慄の小説　カズオ・イシグロ『わたしを離さないで』

英国にある、施設・ヘールシャム。幼少時から共に育ってきた生徒たちが、数人の教師と暮らしている。全寮制の学校かと思いきや、描かれる空気には微妙な違和感がある。

まず彼らには家族が見あたらない。孤児かというと、そういうわけでもなく、その「存在」の感触に、言葉では、説明しにくい不可解さが漂う。望めばいつの日か、好きな人と暮らす程度の可能性はありそうだが、どうやら子供は産めないらしい。そんなことってあるだろうか？　わたしたちが普通に使うような意味での、「将来」とか「未来」あるいは「可能性」などという言葉が、彼らには普通に使えないらしい。

若者たちは施設にいるあいだ、仲間たちと密接な関係を育み、詩をつくり絵を描く、一見幸福そうな日々を送る。だが施設を出たあとは、「介護人」あるいは「提供者」となって、孤独な生活を強いられるようになる。誰を介護するのか、何を提供するのか。すべては明確に説明されぬまま、作品は注意深くミステリアスに進む……。

著者、カズオ・イシグロは日本人として生を受け、幼い頃に英国に渡った。厳密な意味で母語でない英語で書く作家である。不条理な世界に取り残されたような人間（それはわたしたちのことに他ならないと思うが）が、多くの作品に登場し、彼らの魅惑的な語りを通して、いくつもの豊穣な物語を生み出してきた。

本書では、穏やかな知性と豊かな感受性を持つキャシーという女性が語り手である。彼女もまた、あの施設で育ち、今は「介護人」として働いている。彼女の繊細で音楽的な語りは、読み進めるにしたがって、ああこの人は信じられるという不思議な友情を読者に感じさせる。ヘールシャムでの膨大な過去をゆさぶりながら、人が確かに生きたという証を丁寧に紡ぎだしていくその手つきは、母のように懐かしく慈悲があり、証人のようにおごそかだ。

その語りによって真実は、薄皮をはがすようにあきらかになっていくが、それでも最後まで、あれはいったい、どういうことだったのだろうと、謎のままに残される細部もある。しかしその謎は解明されずに残されるからこそ、まぎれもない生の温もりを持って記憶の底でいつまでもうごめく。

わたしたちは、何かの目的のために生まれるわけではない。生まれるために生まれ、生きるために生きる。なぜ、生きていくのか、わからないままに、先の見えない暗闇を進んでいく。ある目的のもとに生を受け、役割をはたして死ぬ彼らは、その点でわたしたちとまったく異なってみえる。だが、どんな圧力が彼らの生を限定し未来を縛ろうとも、命それ自体は、目的など無効にして、ただ生きようとするのだ。生きるために。その矛盾と拮抗がこの小説に、深く大きな悲哀をもたらしている。「複製」の概念が「命」の本質を押しつぶそうとする戦慄の小説である。まだ誰もこのことを経験したことがない。でも知っていたという既視感がある。そこが真に恐ろしい。

(土屋政雄訳、早川書房、二〇〇六年)

土の匂いのする沈黙に触れて　ヤスミン・クラウザー『サフラン・キッチン』

カレー屋さんで、ご飯を頼むと、ステンレスのお皿に、黄色いご飯がのってくることがある。「サフランライス」と呼ばれるものだ。それでわたしは、サフランと聞くと、即座に「黄色」を思い浮かべる。

ところが本書を読むと少し違う。マリアムの娘・サラが、年下の従弟・サイードに手伝ってもらって、キッチンの壁の色を、サフラン色に塗る場面がある。そのときサラはサイードに、サフラン色をどう説明するか、と尋ね、二人が会話のなかで次々とあげていったのは——「夕焼けみたいに真っ赤」、「切り傷つくっちゃったときの血の色」、「お母さんの指先についたヘナ」「トルバートゥの土か、ゴセマールバートの土」、「溶岩の色」「ケシにザクロ」――。黄色ではなくて深い紅だ。確かにサフランのめしべは紅色をしている(めしべを乾燥させたものがスパイスになるらしい)。

こんな箇所を読んで、わたしはなぜか、胸を打たれた。二人が共有する「サフラン色」のなかに、少なくともこれだけのイメージがつまっている。それは血の色であり、土の色、空の色。色というのは、風土のいのちが煮詰められて発現したものである。サフランの紅もまた、イランという国の、エッセンスが凝縮した色なのだと思う。

『サフラン・キッチン』で、マリアムが抱く哀しみは、こうした色や匂いの記憶を、誰とも共有できずに生きなければならないところからくる。

描かれているのは、マリアムとその娘サラ、二代にわたる家族の歴史である。近代化途上にあるイラン。父親や夫の権力が絶大で、第二夫人など当たり前。長女は結婚しないで、両親の面倒をみることもある、一族の名誉を守ることが最優先で、乱した者は縁を切られる……。マリアムは、そんな古い因習のなかで青春期をすごした。

軍の要人であった父の使用人・アリと愛し合うようになるが、慣習の壁は厚く、アリと密かに関係を結んだという誤解や噂によって、父たちから制裁の屈辱を受ける。アリと引き裂かれ、国を出て、行き着いたロンドンで、穏やかな夫にめぐり合うのだが、マリアムの心は、癒えることがない。魂はほとんどばらばらになる寸前だ。そんな母親に反発する娘。妻のかつての恋人の存在を知り、動揺し悲しむばかりの夫。それでもマリアムは、アリの住むマーズレーへ戻っていこうとする。

流産したサラが、再び身ごもったことによって、物語にはかすかな未来も覗くが、今後彼らがどうなっていくのか、どうすべきなのか、読者にも、おそらく作者にも、わからない。生ききってみなければ、すべてのことはわからないというように。

本書のなかで語られる、二つの物語がとても興味深い。

ひとつは「ゾーレーの物語」。地震で家族全員を失い悲嘆にくれた女が、耳も聞こえず口もきけない、ゾーレーという娘を産む。彼女は美しく成長するが、誰の子かわからぬ子を孕み、そのことが女たちの嫉妬と怒りの対象となって恐ろしい罰を受けるのである。

もうひとつは「ゴセマールバートの物語」。権力者カーンに目をつけられた娘・ゴセマールバートが、カーンに身を捧げるのを拒否したために、髪を切られ、親指を切られ、舌を抜かれ、最後は魂となってこの世から姿を消すというもの。

どちらも美少女受難伝説だが、興味深いのは、その哀しみを語る「言葉」が、予め封じ込められているというところだ。一方は生まれつき口がきけず、一方は、舌を抜かれてしゃべれない。彼女らは「沈黙」を余儀なくされる。ひどいと思う。しかしわたしは一方で、彼女らの沈黙に、大きな慰藉と安らぎを感じた。そこには女たちの、言わなかった言葉の怨念があるが、ならば言ったとして、どうなるか。それはもはや、沈黙というかたちでしか、持ち運べないものに変容している。

マリアムは、はっきりと、この物語に繋がる女である。彼女の屈辱の内容は、本書のなかで少しずつ語られるが、その全貌が明かされるのは、ほとんどこの物語が終わるころだ。彼女もまた、石のような沈黙を運ぶ者であり、時間を経ていよいよ固くなったそれは、家族にも、容易にときほぐせない。

この物語を読むことは、その沈黙の集合体に、触れ、自らが繋がることである。けれど本書には、その一方に、言葉が開く、官能とよろこびの記憶もある。かつてマリアムとアリを結びつけたのは、十九世紀に生きた英国の詩人、マシュー・アーノルドの詩集。そのなかの一編を詠唱するアリの、唇の動きを通して、マリアムは彼から英語を学んだ。詩集の表紙は、「薄い、色あせた赤い革」とあった。どんな赤だろう。それもまた、サフランの紅に繋がる色か。引き裂かれて生きた二人にとって、詩は魂が寄りそって立つ、共通の小さなふるさとだった。

（小竹由美子訳、新潮社、二〇〇六年）

ここに「わたし」は、なぜ在るか　アリス・マンロー『林檎の木の下で』

本書は、カナダの作家、アリス・マンローの「血族」に材をとった短編集である。通して読めば、ルーツに遡った、一本の野性味ある長編といえる。一族の歴史をたどり、その記憶を紡ぐこと、それはすなわち「わたし」とは誰かを探ること。同時にマンローにとって、なぜ自分が「書く」に至ったかを、祖先という死者の群れのなかに探る行為であったかもしれない。というのも、本書の内から、書くことと読むことを巡る水脈の調べが、たえず聞こえてくるからである。

神話の神や邪悪な妖精たちが、まだ土地に息づいていた十八世紀・スコットランド。「わたし」の祖先は、石ころだらけの農場に住んでいた。次の世紀、今度は老人、子供を含む次世代の一行が、リースの港から船にのって、新しい土地、カナダへと入植する。

舞台が「わたし」の幼年時代へと移るころ、「わたし」＝マンローの、父母、そして祖父母たちが、ようやく視野に入ってくる。たくましく陽気な女たち（もっとも、このヨメと姑は仲が悪い）、寡黙な父と祖父。彼ら異性の一族を描くとき、マンローの筆には心なしか、温かみが加わる。

農夫であった祖父は、「勤勉で規則正しくひっそりと」生き、毎日、薪をきちんと積み上げた後、つまり仕事をすっかり片付けてから、本を読むという人だった。そのうえ、「彼らは必ずしも稼げるだけの金を稼ごうとはしていなかった」。生活を楽にするためにより多くの金を稼ぎ、少しの間も惜しんで働こうとするのは、みっともないと思われていたのかもしれないとある。目からうろこの労働観だ。

その祖父の一人息子であった著者の父は、いくつかの仕事を経た晩年に、小説を書きだす。そのときの描写がいい。

「書いてみて驚いたんだ、と父は言った。自分にこんなことができるんだ、ということに驚き、それがとても楽しめることに驚いたのだ。まるでその道に父の未来があるかのように」。ここには人間が変容する、輝く瞬間が書きとめられている。

「チケット」は、嫁に行く前の「わたし」が、祖母、祖母の妹、チャーリーおばさんと心通わす物語だが、苦い結末が予感される結婚に、影のように重ねられるのは、若かりし頃の祖母の恋、別の相手（祖父）と結婚した顚末。「わたし」は祖母に聞く。「「こわいと思ったことはなかったの？　あのほら——」あるひとりの人間とともに人生を生きることをとわたしは言いたかったのだ」

ここを読んだとき、何かがわたしの心の深部から、汲みだされたという感じがした。「わたし」は続きを結局言わなかった。けれど、その沈黙のなかに、祖母も祖母の妹も、そのこわさを通ってきた者であるということが、はっと明らかになる。その啓示の光は三人を結びつけ、さらには読者をも、引き寄せて射抜く。

日頃、わたしたちが持つ大方の感情は、ほとんどが行き場もなく、時間という、唯一の処方箋によって葬られていく。けれども、アリス・マンローの小説を読んでいると、葬られたはずのそれらは、なくなったのではなく、生きていくための合理性によって、ほんのちょっと、脇にどけられただけだったと気づくのである。

日常のなかの当たり前のこと、ごく見慣れた風景のなかから、マンローは、その始末されたはずの感情を、あっと思うような速度であらわにする。その一瞬は、いつも深いところから、ふわっと一気に浮上する。ふわっと一気に、と感じるのは、わたしたちが、普段、ソレに蓋をして生きているせいだろう。

蓋をはずす一行が、どこに潜んでいるか。それはわからない。読んでしまうまでは。それにたぶん、読む人ごとに違うのだろう。読書とは一体にそういうものだが、マンローを読むとき、読者は今に至るまでの自分を総動員することになる。させられるのでなく、自然、そうなる。

（小竹由美子訳、新潮社、二〇〇七年）

青い闇に走る雷光　　スティーヴン・ミルハウザー『ナイフ投げ師』

ミルハウザーは、散文芸術の奇術師ともいえる作家である。わたしたち読者は一編ごとに、角の尖った幻惑的な小箱を手渡される。蓋をあけてみるとその中には、人間の目というより昆虫の目で見た世界のような、緻密な網目の文章が入っている。

独特の客観性、冷ややかな官能。人間を描きながら、人間臭い感情は努めて描写から遠ざけられている。にもかかわらず、読者の身体に滴り落ちてくるのは、濃密なリアリティを持った小説内の空気だ。

わくわくする。ぞくぞくする。わたしは遠い日のいつか、クリスマスのような日に、そうした贈り物を誰かに貰ったような気がする。あまりに遠い記憶でうまく思い出せない。だが確かに、似たようなものに触れた。

中身をまだ見ていないうちから、あ、これだ、という納得がきて、わたしの全身が歓びではじけた。貰った小箱の確かな輪郭には、世界のミニチュアのごとき感触があった。

ミルハウザーを読んでいると、そうして幼年の頃の思いがけない感覚が甦る。大人でありながら、わたしたちは、ここで幸福なあるいは残酷な幼児的身体を得るのかもしれない。透き通った目を持ち、心をむきだしにして、世界という虚構の壁に触るのだ。そう、小箱のなかには、そうしていつのまにか自分自身が入っている。

青い闇を貫く雷光のような、十二の短編が並んでいる。わたしは一つずつ、間《ま》をおいて読んでいいった。続けて読むと、頭のなかが濁るような気がして、全編を一気に読むことができなかった。また、一気に読むのはもったいなかった。

一つ一つに、この作家の創出した、濃密な時間が独立して流れている。濃いのに軽いのは語りの力によるものだ。停滞がない。どんどん進む。進んだ先には何があるのか。

「現実を見ろ」とは、夢見る者に突きつけられる、常套的な脅し文句だが、作品の行きつくところ、その「現実」が待っている。そのように予感し読んでいくと、例えば、表題作「ナイフ投げ師」では、確かに、ナイフの切っ先が、今ここにいるわたしたちの現実を、わたしたちの心臓を、突き刺した感触で終わるのである。

あっと思う。予感が的中した驚きではない。そこに表現されている文章によって自分が何を予感していたのかを、初めて知らされ驚くのだ。舞台上でスポットライトに照らされた芸人を、わたしは観客席の暗闇のなかからそっとのぞいていた。けれど最後に、スポットライトは、いきなり、わたしの心の内を照らす。

ナイフ投げの芸人は、芸を極めるあまり、芸のある一点を――生死の際といってもよいが――知らぬ間に易々と通過する。しかも彼の芸に魅了される人々の、暗黙の同意と賛同を得て。際を越していく芸人は、人でありながらもはや人でない。神の領域へと片足を踏み入れた、神々しさといかがわしさに輝いている。しかしわたしが更に感じ入ったのは、次のようなくだりを読んだときである。「やはりこのナイフ投げ師はやり過ぎたのだと私たちは感じずにいられなかった」。このように判断する極めて冷静な目は、作品の熱をさますものだが、安易にふわふわと夢見る者を、猛々しく現実へと引き摺り下ろす。

「新自動人形劇場」でも、当代随一の自動人形の名匠が、人間の動きに限りなく似せることでなく、どこまでもぎくしゃくとした、自動人形でしかない人形を創ることで、からくり（虚）の烈しい美を追求するに至る。わたしは文楽を思い出したが、この芸術家、人形遣いは、作家ミルハウザーその人に見える。

「ある訪問」は、「沼臭い蛙」を妻として娶った友人を「私」が訪ねるという奇怪な話。ここでも蛙は蛙としてあり続け、何かの寓意として使われたり、人間になるようなことは決してない。暗くゴシック的な調和を保ちながら、作品は常に生々しい現実そのものを感じさせる。

（柴田元幸訳、白水社、二〇〇八年）

英国北部、四代の女性の人生を懐深く　ケイト・アトキンソン『博物館の裏庭で』

果たして、読み終える日がやって来るのか。読者を一瞬、不安にさせる長編である。小説のなかから小説がわいてくる。この過剰な感触は、緻密な「文章」と、ちょっと変わった「構造」からもたらされる。

英国北部のヨークで生まれ育った、ルビー・レノックスという女の子を主人公に、母、祖母、曾祖母と遡り、一族の記憶が語られていく。各章、ルビーの「あたし」語りによる一人称小説だが、章ごとに詳細な「補注」がついている。これが単なる注でなく、三人称で書かれたもう一つの小説になっている。そこで語られるのは、ルビーの祖母、曾祖母たちの人生である。

背景には、二度に渡る大戦を含む、二十世紀の百年が流れる。なにしろ話が四代に渡っているので、沢山の人が登場する。系図があるとはいえ、「この人、誰だっけ？」状態にしばしば陥った。通常、一人の人間の頭蓋に収まるべき記憶の容量を、この小説は、完全にはみ出している。

読者は最初、戸惑うかもしれない。だが知らない人と電車に乗りあわせているような感覚で、つまり、そういう場面では、いちいち、あなた誰ですか、と問わないように、多少、誰だかわからなくっても、とりあえずは読み進めてみることをすすめたい。わたしはそうして読み、読み終わったとき、二度、三度と読み返したい思いにかられた。そうするうちには、すべての人と旧知の間柄になれるだろう。ゆっくりでいいから、そうなりたいと思ったのだ。

イギリスの小説は懐が深い。人生への構えは保守正統で、深く懐疑的なユーモアがある。わたしはごく一部を知るだけの者だが、それでも古典から現代まで、小説の好きな大人のための小説が多いという感じがする。その分、謎や暗示も多く、読者に想像を委ねるという態度がある。だから時々、意味が通りにくい（これはわたしだけかな）。行きつ戻りつ、読まなければならない。でも、それがい い。その不親切さが。本書もまた、そうした分厚い伝統の上に立つものだが、同時にその伝統を突き破ろうとする果敢さも感じる。

思春期にあるルビーと姉の、感傷のかけらもない、現実直視の目が笑える。母親は隣家の夫と不倫、父親も、親戚の結婚パーティーで、ビュッフェのウエイトレスとコトをいたし腹上死。シニカルで強靭なユーモア精神を持たなければ、とても乗り越えていけない人生が展開する。

そのルビーの封印された記憶が、緩やかに解かれていく場面はエレガントで怖ろしい。ここで、その内容を明かすのは慎みたいが、最後の最後まで、手綱を緩めない作家だなあと驚嘆した。実は系図を見たとき、あれっ？　と不思議に思っていた。著者は一族の記憶を描きながら、同時に「わたし」のなかの記憶のミステリーを描いたのである。

永遠に続くかに見えた少女期に比べ、ルビーの結婚やその後の顚末は、小説の終わりで、一気に早回しに。イタリア人と結婚、二人の子どもを産んだものの、あるとき、「あたしの送ってきた人生はまちがっていた！」と啓示を受け、また独り身へ。その後は母を脳卒中で失う。

「過去っていうのは、引きずって歩くものなのよ」——ルビーが姉につぶやくせりふだが、彼女の言う「過去」には、長く重たいガウンの裾のような響きがある。もはやルビー一人の過去ではない。そこには個々の目鼻が溶けた、先祖の人々の混沌の過去がとぐろを巻いている。

なお、本書には、消毒液からコンドームの銘柄まで、各年代の英国生活を彩った、様々な雑貨、音楽や流行など、風俗にまつわる固有名詞がたくさん出てくる。これがわたしには楽しかった。訳者の注も丁寧だが、自分で調べながら読んでいく嬉しさもある。一個、知り、一歩、近づく。読むのはいささかハードだが、こういうところ、実につきあい甲斐のある一冊といえる。

（小野寺健訳、新潮社、二〇〇八年）

被害者か加害者か　マリー・ンディアイ『心ふさがれて』

ンから始まるンディアイとは、興味を覚える名前である。「訳者あとがき」によれば、父方の苗字だそうで、セネガルには多い名前とか。作家自身は、フランスで生まれ育ち、父方の文化とはほとんど接触がないというが、本書の主人公が被る「疎外感」は、アフリカ系フランス人である著者の立場を容易に連想させるものだ。しかしそれは、本書を読むにあたって、さしあたり知らなくてもいい情報だろう。むしろこの作品は、身一つで飛び込んでくる裸の読者を歓迎するはず。

語り手の「私」＝ナディアは、再婚で結ばれた夫のアンジュと共に小学校教師を務めている。「ときどき白い目で見られている気がしたのが、はじまりだった。ほんとうに私が恨みを買っているのだろうか？」

これが本書の出だしである。評判はよく、人に嫌われるようなことはした覚えがない。なのに、なぜ。夫も同じことを感じているらしいところは、一見、救いのようでもあるが、夫婦間に侵入してくる第三者がいて、二人の関係も変化する。あらゆる関係が安定しない小説。その揺らぎにわたしは感染した。

背景には、ボルドーという地名があてがわれているものの、抽象性を帯びた土地であり、地面を踏みしめているという感じはしない。手強い前衛小説？　だったら苦手だなと不安を抱きながら読み進めていくと、ナディアが太っていくように、文章そのものも肉をつけ始め、読者は不可解でぶよぶよとした、それでいてどこか既知のもののなかに、いつの間にか生々しく取り囲まれてしまう。

わたしの場合は読みながら、内臓、ことに腸のあたりが活発に動いた。食べ物の描写が多いせいだろうか。確かにナディアは、軽蔑していたノジェという男に高カロリーのおいしい食事をあてがわれ太り続けるし、息子のパートナーである上品な産婦人科医、ウィルマも、恥ずかしいくらい、野蛮に「肉」ばかりを好んで食べる。終わりのほうに出てくるのは、母の作る溶けたバターの匂いのするクスクスである。

そうした食の場面に、家族間の心理が繊維のようにからみついてくるので、読者には、描写されている以上の何か得体の知れないものを体内に取り込んだという感触が残される。これはそのまま本書を読む体験を象徴している。つまりわたしは、口から食べ物＝言葉を次々と詰め込まれ、おいしい＝面白いのでどんどん食う、のであるが、もしかしたらこれは、毒ではないのかと、途中で怖くなってくる。(だからこそ)食べる＝読むことをやめられない。

疎外されているナディアたちは、被害者か？　いや、加害者かもしれない。「自分たちに罪はない、そう思っているのに、うしろめたい」という彼らは、知的だけれど傲慢で、他者を見下げる傾向がある。「テレビを見ない」夫婦であり、「他人に悪い評判が立つ場合は多かれ少なかれ自業自得なのだ」とも思ってきた。どこかで見たような人々ではないか。

ナディアが避けられる、その印は、すでに外見に表れているようなのだが、それが何なのかは具体的に明らかにされない。自分のことなのに自分自身にさえ知らされていない。簡単に言えば、自分がわからない。これって人間を取り巻く普遍的な状況ではないだろうか。

更年期、生理もとまって肥満していくばかりのナディアに、何人かが妊娠しているのかと問う。そんなわけはないと読者も思うが、ナディアは確かに、黒々とした得体の知れないものを孕んだように読める。

時に哀れみながらもナディアを避けるのは、人間だけでない。路面電車も止まってくれないし、ボルドーという街そのものが、生きもののように彼女を圧迫する。さて小説はどこへ行き着くのか。読後の感想を数人で話したら、尽きないだろう。非常に多様な読み方ができそう。久々に興奮した現代小説だ。

（笠間直穂子訳、インスクリプト、二〇〇八年）

灰だらけの希望に　コーマック・マッカーシー『ザ・ロード』

読み終わって、悪夢から覚めた子供みたいにわっと泣いた。現代文学とはいえ、メガ級の傑作というのは、まだまだある。ここにあるよ。

すべてのものが灰をかぶり、何もかもが失われた「事後の世界」。そこに、道なき道をつけながら、歩き続ける父と子がいる。彼らが生き残った者であることは明白だが、いったい、何が起きたのか。地球規模で人類を破滅に導く、大きなコトが勃発したらしい。世界はその日を境にして、信じ難い荒廃へと堕落していった。生き残りをかけて何がおきたか。レイプや人肉食、強奪、殺人。ありとあらゆる悪がはびこったあと、人間の姿が、ほとんど消えた地上に、風が吹き、雨が打ち付け、雷が光り、雪が降る。

この作家は、そうした世界の崩壊を、一組の父子という、極めて小さな、パーソナルな空間にシフトさせ、そこから巨きな「無」に覆われた世界を、とてもリアルに創出した。

胸にこたえるのは子供のけなげさだ。そして父は、その子を辛抱強く諭し、愛し、育てる。「育てる」といっても、それはあたたかいスープのある、通常の世界の語彙であって、物資の失われた異様な世界においては、父と息子は、互いの存在を支え合う、無表情な戦士のようである。

母親のほうはどうしたのか。ここでは、息子を自宅のベッドで産んだことだけを書いておこう。「窓の外には募る寒さと地平線上の炎があるだけだった」。つまり、この子は、事後に産み落とされ、人々が普通の生活を当たり前のものとして暮らしていた世界を見ていない。幼い子というのは、幸福な状態にあってさえ、この世に生まれついた根源的な不安を抱えているものである。幼いうちは少しでも一人にされると泣く。常に母を呼び、父を探す。それをうまく導きながら、自立を促すのが親の務めだ。だが、そういう親子の基本型が、こんなひどい状況下においても変わらないことに、わたしは驚き、胸を打たれた。一体何が、彼らを善き「人間」であり続けさせたのか。

たとえば父子が、移動しながら、食べ物のありそうな場所なり家を見つけたとする。父は少年を見張り役にして、その場に残し、警戒しながら、その場を探りにいく。最初のほうでは、パパ、行かないで、と言っていた子供が、やがては、少しずつ、その直感で父を助けたり、濡れた毛布を自分の手で乾かしたりするようになる。何日も満足に食べていないようなとき、父は、道具や食料を積んでいるカートに、せめて息子を乗せてやろうと思う。だが子供は言う。「いいよ。それは」。「ほんのちょっとだけでもどうだ?」と父。「いいよ。遠慮する」と子供。「遠慮する」って、こんなにユーモラスでセンシティブな言葉だったか。

父と子の会話の部分は、カギ括弧なしで、詩のように分かち書きされている。ようにではない。この部分は小説内の「詩」であるといっていい。彼らの会話は作品に、豊かな多義性を持ち込んでいる。他の部分が、冷徹な現実描写に徹している分、会話から醸し出される感情の揺れは、さざ波のように作品全体を揺らし、わたしたちを揺らす。読んでいると、神話や物語へ連想がとんだり、自分の幼いころの記憶が蘇ってきたりする。

本書は、父と子が「カート」に荷物を積んで、それを運びながら移動する物語だが、同時に彼らが、大きなものに導かれて、どこかへ運ばれていく物語である。そして彼らとともに「言葉」も運ばれていく。キーワードのように、繰り返し出てくる言葉がある。例えば「頭に入れたものはずっとそこに残る」。——頭に入れたものとは、見たもの、記憶したものの総称だろうか。異様な極限状態に陥った地上で、彼らはいったい、何を見たのか。おそらく一度見たら、忘れられない何かを。「アスファルトに半ば埋まりこんだ人間が身体をかきむしり口を悲鳴の形に開けていた」。例えばそんな光景を(もっと無残な情景はこの他にもいくつもあるのだが)。

父はそういうものを、子供にいつだって見せたくない。だから見ないほうがいいと言う。すると、子供は、「頭に入れたものはずっとそこに残るから?」と聞く。かつて父に言われた言葉であり、子供はそれを反復しながら、父を取り込み成長していくのだが、親の思いとは別に、子の頭のなかには、すべてがすでに残されている。子供は見た。もう、見てしまった。だから、見るな、見ないほうがいいという父を、逆に親のように、なだめたりする。

この子はまた、途中で出会った様々な人々のうち、自分たちより弱き者らを（そのなかには子供もいたし、老人もいた。自分たちの食料を盗んだ乞食のような男もいた）、なんとか救えなかったかと、「振り返る」子供でもある。

自分たちが生きていくだけで大変なのだ。他人など、中途半端に助けられるわけがない。だから見捨てる。それは父のとる、極めて常識的な態度であり、わたしたち読者も充分に納得するのだが、いつまでも心のなかには、子供のとった「振り返る」という体の所作が、まるで魂のうごきのように残ることになる。

これはどういうことか。他者をどこかで見切ったり、見捨てたりしながら、わたしもまた、この現実世界を生きている。けれど、そんな薄汚れた大人であるわたしのなかにも、まだ、あれでよかったかと、「振り返る」心は残っているのだろう。だから子供のとったその行為に、心が痛み反応するのかもしれない。

不可能とわかってなお、他者を振り返る。その心に、わたしは「善なるものよ」と、小さな声で呼びかけたい。不思議議じゃないか。荒廃した世界に産み落とされ、無法な人間世界しか知らないこの子のなかに、なぜこうした善が、おのずから育つのか。この父にして、ということはあるだろうが、それはどうも、この子のなかに生まれ落ちたときから点されてあった、原初の「火」のようなものである。

火といえば、もうひとつのキーワード、「火を運ぶ」という言葉も思い出される。父子は自分らを、「火を運ぶ者たちである」と言っている。火を運ぶ。どういうことだろう。神話のようなものが踏まえられているのかもしれない。オリンピックの聖火を連想するが、人間が人間でいるための、何か大切なもの、それを火が象徴しているのかもしれない。彼らは、その大切なものを、半端じゃない苦しみとともに運んでいる人々である。

彼らは、なまものを、おそらく口にしない。缶詰以外は火を通して食べる。そこから考えられるのは、火が、人間的理性の表明でもあるということだ。飢えても彼らは決して「人を食べない」。文章は至るところで、人間とりわけ子供や赤ん坊が食べられたことを、気配で伝える。人肉食の問題は深い。彼ら親子の場合、とりあえずはぎりぎりのところで食料を手にすることができた。幸運である。それで人間を食べずにすんだ、ともいえる。絶対、どんなことがあろうと、食べない者で在り続けることはできたか？　食べたから悪、食べなかったから善とは、これは簡単に割り切れる問題ではない。

もっとも彼らが手にした食べものも、死者の残した缶詰であったりするわけで、ここでも子は、「ぼくたちがもらっていいの？」という根源的な疑問を親に投げかける。いいんだよ、いいんだ、食べなさい。親はそう言う。自分のためでなく、子供のお腹を満たしてやりたくて。

……その人たちはもらってほしがるはずだ。パパとお前がきっとそう思うのと同じように。

その人たちも善い者だったんだね？

ああ。そうだよ。

こんな会話があって、父と子は、他人の物だったものを食う。そして生き延びる。人間はたとえ、その肉を食べなくとも、比喩として、人を食って生き延びるのだ。

いま、比喩と書いたが、わたしは、この物語を通して、世界の崩壊は、意味の崩壊であり、そこでは、言葉の文学的な意味での比喩というものが存在できなくなるということを知ることにもなった。つまり、ここではもう、比喩が比喩として機能しない。

彼らは、灰を被った人家にそっと忍び込み、役立つものはないかと物色する。そのとき、「家を買いたいがこの物件には魅力を感じていない客のように部屋から部屋と見て歩いた」とある。「家を買いたい」という状況がすでにあり得ない。あり得ないことを比喩としては使えない。それがわかっていてここで使っている。だからおかしい。すごく虚しい。この比喩の哀しいほどの軽さ！ 人のいない家、そのものである。おそろしい空漠だ。世界を崩壊させたその力は、単に物理的に世界を壊したのみならず、意味を壊し、世界をからっぽにした。無意味にした。虚無を産んだ。だがそれは、わたしたちの知らない「誰か」が為したことでなく、わたしたちのよく知る「誰か」、同じ「人間」が為したことだ。それを思うとき、足の下から、冷気をもった恐怖が湧いてくる。

この作品に、「感動」という言葉を使うことを、わたしは最後まで躊躇している。本書は読者に「感動」する暇すら与えない。もっと、じかに、彼らの痛み、寒さ、怖れ、無力感を、読者の身体に経験させる。極限まで生きて立ち、倒れた「父性」。その父性を、引き継いで生きていくのは、あの少年だ。わたしはまだ崩壊前の世界にいるが、こことあちら側は、それほど遠くはないと感じる。生きていれば、絶望の連続だし、故なき恐怖につかまることもある。しかし怖れはしまい。生きていこうと思う。わたしはあの子から、命綱の切れ端を、もらい受けた気がするから。

（黒原敏行訳、ハヤカワepi文庫、二〇一〇年）

無が白熱する迫力

創造の起爆力としての「悪」　河合隼雄『神話の心理学——現代人の生き方のヒント』

神話とは一体何なのだろう。どんな力がそこにあるのか。そしてわたしたちの生き方や人生に、それはどのような働きを及ぼすのか。神話離れの時代に危機感を覚える著者が、「神話」という無尽蔵の井戸にしまわれた意味を、凝縮されたヒントの形で語る。そこから何をどのように汲み上げるか。読者それぞれに挑戦を促す一冊である。

「人間存在のもっとも根源的なことにかかわることが、神話に語られている」と著者は言う。だからそれを読むほうにも、「人間全体の力が要る」と。

紹介されている各国の神話には、荒唐無稽で野性味をもった話が多い。例えばインドネシアには、花の上に生まれた女の子・ハイヌヴェレが、地面に掘られた穴に落とされて死に、その死体を切断して別々の場所に埋めたところ、各部分が様々な芋類になったという神話があるそうだ。ここから著者が導くのは「何か新しいものが生み出されるために死（殺人）が存在しなくてはならない」という生と死の逆説。

子捨て、子殺し、親殺し、密通、姦計、盗みなど、神話には悪の行為が満載だが、その悪が創造の起爆力として働くことも。神話に描かれた象徴的行為には、深遠な智恵が隠されている。

（大和書房、二〇〇六年）

瑞々しく頑固でやっかいな！　長塚京三『私の老年前夜』

本書は俳優・長塚京三の、二冊目になるエッセイ集である。複雑にして香気高い、瑞々しい文章が並んでいる。稚気と幽かに触れ合うほどの、頑固なやっかいさが魅力である。

俳優とあえてここに書くのが、不要なことだと思われもする。だが、本書のなかのどの一編をとっても、著者が俳優であることを忘れさせてくれるものは一つもない。役者であることと人格が、みごとに融合していると思う。いや、融合とはきれいすぎる。生来の人格と職業が、かみつきあいながら、ここに一人の人間を、確かに在らしめたという感触が残る。

様々な場面で、著者は自分を、冷静に解体し吟味する。時にその作業は、幼い頃の自己をあぶりだすが、還暦を過ぎた今現在と、一体どこが違うのか。わたしの目には同じに見える。七面倒臭くて複雑で、ゆれ動く内面を持った少年。幼年と今が、かくも直列に、激しく繋がりあっている。奇妙にも胸打たれる点である。

むしろ読み難い文章である。独特の粘りとこらえ方がある。だからわたしも、「こらえて」読んだ。こらえるというのは我慢ではない。気持ちを溜めながら、ゆっくりということ。稀有な文章に出会ってうれしい。

（筑摩書房、二〇〇六年）

読書でついた縄目の痕　車谷長吉『文士の生魑魅《いきすだま》』

読書というものは、自分が本を読むことであるが、同時に本に、自分が読まれることである。最近、つくづく、そう思う。だから本について語ることは、どうしたって自己を語るに等しいということになる。それはなかなか危険なことだが、その危険を冒していない書評の類は、これは自分のことを省みても、退屈なものになってしまう。

本をめぐる文章にわたしが期待するのは、読むひとの魂と書いたひとの魂の戦いぶりだ。その生のリングを、観戦したい。その意味で、本書ほど迫力ある一冊はなかなかないだろう。

テーマごとに括られた読書遍歴である。読むこととは、ここまで荒行だったのか。本と自己とのからみあいの遍歴が、生々しく率直に語られている。まるで魂にぐいぐいと荒縄をかけるように。縄を解いたあとも、縛られたあとが、鮮やかに心に残っている。この一冊に表現されているのは、魂にくいこんだ、そんな縄目の痕である。傷を負うに等しい読書体験に見える。だがその痛みが、著者のなかで、ことごとく快楽に転じている。

車谷長吉は四十七歳のとき、「鹽壺《しおつぼ》の匙」によって二つの賞を受けた。その後五十を過ぎてから直木賞を貰うが、それまでは料理場の下働きや会社勤めなど、様々な職を転々としてこの世をしのいできた。ここに挙げられている本は、そういう途上で著者が出会い、烈しく求めてきた本である。

選ばれているのは、反時代的な印象を呼ぶ本ばかり。新刊を中心に動く出版の世界では、語られることの少ない地味な作品が多い。でも、著者の解説とわずかな引用から、ぞくりとするような作品の魅力がのぞく。

「私小説」の章では、老年になってから花が咲いたという和田芳恵の「接木の台」が俎上に。「便器に跨ったまま、いのちを落したらしい」髙木タマという女性が登場し、「人間の剝き出しの姿」を描く私小説の、面白さと毒が説かれる。

読んでいると、著者は文学の「生魑魅」を、ものを食むように消化して精神の肉としてきたことがわかる。最後の文士が語る文士の世界。危険な読書案内である。

（新潮社、二〇〇六年）

文法学者の闘う生涯　金谷武洋『主語を抹殺した男——評伝三上章』

三上章とは、およそ百年前、広島に生まれた文法学者。英語にあるような主・述構造は、日本語にはないと喝破し、「主語」という概念は不要であると主張した人だ。

昔、わたしは、日本語には主語と述語があり、時に主語は略せると習った記憶がある。略すというからには、元より在るのが前提だが、三上文法はそうではない。日本語にそもそも主語なんてないというのである。半世紀近く前に刊行された著書『象は鼻が長い』は、ロングセラーとなった一冊。「は」という助詞が、主語でなく主題を示すものであり、句点を超えて次々と文にかかっていく重要な係助詞であることが強調されるなど、視界を一気に開く明解さがある。

著者は三十数年前に、留学先のカナダで現地の学生に日本語を教えることになったとき、この三上文法に出会い、目からうろこが落ちた。外国語として日本語を教えるとき、もっとも役立つのが三上文法だったという。それほどの理論が、発表された当時は三上が地方の一数学教師に過ぎなかったこともあって、学界からほとんど無視され、今も少数の理解者を除いて、黙殺に近い状態とは。

一見、不遇に見えるその人生を、著者は丁寧に追いかけていく。音楽にも秀で、反骨精神の固まりであった三上は、虚栄を嫌い、学際的教養にあふれた一種の奇人。友人も多く鋭いユーモアに満ちた人柄だったようだ。でも晩年は、自説が孤立する無力感も手伝って、躁鬱病、パニック障害、被害妄想、こだわりなどの奇癖が現れ、家事すべてをこなした妹・茂子に支えられながらも、生活者としては無残な終末を迎える。

言語構造を解明し、文法という「規範」に沿って、日本語を検証していく作業は、それだけとってみても熾烈なものに違いない。彼にとっての日本語は、そのなかに無意識に包まれて温もっていられるような母国語ではありえなかった。壮絶な孤軍奮闘の一生だが、その志と理論は、こうして遥か時空間を超えて、人々に知られ手渡されていく。三上の人間と思想に迫る、熱のこもった評伝だ。

（講談社、二〇〇六年）

イギリス文学の成熟を味わう　小野寺健『イギリス的人生』

少し前、ある書評欄で、英国の女性作家、バーバラ・ピムの『秋の四重奏』を紹介した。定年間際の単身男女、四人が、ともに織り成す日々の時間。余韻深く、久しぶりに小説の醍醐味を味わった作品だった。でも、若い頃に読んだら、きっと退屈して放り投げていたと思う。起伏のない日常を坦々と描いていくだけなのだ。新味といえるものは特に見当たらない。しかし今それが抜群に面白い。なぜこんな地味なイギリス小説が……。

てなことを考えていたら、本書を見つけました。著者はその、『秋の四重奏』の名翻訳者。ご自身が読まれてきた様々なイギリス文学を通して、イギリス的なるもののエッセンスを、静かに探り、熱く語る。オースティン、ウォー、ディケンズ、ロレンス、エリオット、オーウェル、ウルフなど……。現代作家では、『秋のホテル』のアニータ・ブルックナーについての言及もある。わたしの場合、読んでいないものがほとんど。途中で挫折した小説もある。でも、本書を読むと、手にとってみようと胸がふくらむ。面白く読める時期が、いよいよ到来したような気がして。

冷静沈着なユーモア、あるいは「大人の文学」などという言い方で括られることの多いイギリス文学だが、そんな「すっきりしすぎた評価あるいは断定だけではいかにも怠惰」と著者は書く。たとえばジョージ・エリオットの小説に著者が見るのは、保守精神の堅固さである。「人生一切の不変の願い」。とはいえ、現実の状況にあわせながら、解決策を模索し、ユーモアと余裕をもって、あくまでも個人的に対応していこうとする。そういう態度が、イギリス文化の礎にあると。

小説というものは、現実から遊離した夢物語ではない。想像力はわたしたちの「現実」のなかから生まれ、その土壌を肥料として肥えていくもの。だからこそ、歳を重ねれば重ねるほどに、小説を読むことは面白くなる。これはわたしの実感である。成熟することを、社会全体で阻んでいるように感じられる今の日本。イギリス文学が妙に気になるのは、わたし自身が、老いていく過程で、成熟の意味を問い直したいと思っているからか。ともかく、そんな同志がいたら、ぜひこの一冊を、道案内に。

（ちくま文庫、二〇〇六年）

悲哀と知性　鴻巣友季子『やみくも——翻訳家、穴に落ちる』

翻訳家・鴻巣友季子さんのエッセイ集だ。ところどころに、不思議な「穴」がある。そこに足ならず心がはまると、ちょっとばかり、ヤバイコトニナル。悲しい事実が書かれているわけではない。むしろ逆。笑ってしまう話が多い。だが、その笑いのなかに複雑妙味な「悲哀」があって、鼻の奥がつーんとしてきたあと、なぜか、涙が出てくるのだ。

ひたむきに一生懸命に進んでいたのに、途中で、予想外な地上に顔を出した、モグラの悲哀をわたしは思った。「翻訳ってつらい」と著者は書く。その仕事は、光のあたらない土の下にもぐって、長く、地味に、こつこつと原作と格闘すること。まさにモグラ。孤独である。

寂しくないですか、とよく訊かれるらしい。でも、この人には、寂しいということが、わからない。寂しいとはなんぞや？　と文中にある。このつぶやきには、乾いて美しい響きがある。寂しくないのは、「原書を通して作者の存在を感じているからかもしれない」と。

二つの言語の間で生きる、境界人としての鍛えられた目は、自分自身について書くときも、距離を保って容赦がない。謹厳なユーモアはそこから生まれる。意外な一面を持つ人だけれど、「ウクレレ」を弾いたり、「カヌー」に乗ったりというのは、さすがに予想できなかった。

「十何年か前の夏のある日、わたしは都心のおおきな公園で、時間をつぶしがてらウクレレの練習をしていた」。こう始まる文章は、通り雨に襲われた、ある日の公園を回想しただけのもの。だが短編小説のようで、胸がつまる。

また別の文では、母を看取った翌年、カヌーに乗った夏のことが。あのぎらぎらしたものは一体なんだったのだろうと書いている。過ぎ去ったものを振り返るときの、鴻巣さんの立ち姿が綺麗だ。そこには決して感傷に落ちない、成熟した大人の悲哀と知性がある。

この感性を育てたのは、明治生まれの魅力的な父親（という感じがしたが）。読んでいると、昭和の西東京の風景が見える。賢いおてんば少女の姿も。どれも明晰な文章なのに、読後に心地よい酔いがまわってくる。

（筑摩書房、二〇〇七年）

文章の奏でる音楽　ジャン・エシュノーズ『ラヴェル』

ラヴェルという、フランスの作曲家がいる。印象主義という括り方で、ドビュッシーと並び称せられることも多い。確かに同じ国、同じ時代を生きた二人だが、流麗で感覚的なドビュッシーに比べ、ラヴェルは理知的、分裂的に思える。だからわたしにはちょっと、とっつきにくい。

本書はそのラヴェルの晩年の十年に、光をあてて描いた小説だ。とっつきにくいとは、必ずしも音楽だけにいえることではないようで、なかなか噛み応えのある人物像が、本書からゆるやかに浮かびあがってくる。

かつて人から、代表作は？ と問われたとき、ご本人は「ボレロですね、ただし、残念なことに、あれには音楽が欠如していますが」と答えたらしい。「展開も転調もない、リズムとアレンジがあるだけ、フレーズは何度も反芻され、希望もなく何も期待するものもなく……」と、自己評価はかなり低い。だがコンサートの結果は大成功。ラヴェルは逆に心配になったようだ。実はわたしは「ボレロ」には熱狂できない一人。率直な人だなと好感を持った。

翻訳者の解説には、この作家の文体についての詳しい説明がある。本書の訳文には、原文に沿って三人称による現在形が多用されている。最初はなかなかなじみにくいものの、本書の第一の味わいどころであり、特徴にもなっている。過去のことでも、すべて現在化され語られるので、読んでいると、音楽が耳を通るがごとく、文章が目のなかを通り過ぎていく。ときにはその流れに、実在感が持てず、夢を見ているような遠い気分になることも。不眠症ぎみだったラヴェルにふさわしく、うつらうつらとしたまどろみの感触が、文章のそこかしこから立ち上るせいもあろうか。

アメリカへの演奏旅行、孤独な独身生活、頑固な一面、名士としての扱い、そして交通事故とその不幸な後遺症。亡くなったとき、遺書も映像も録音された声も残さなかったという。そのように小説は終わり、ラヴェルも消え、そして「音楽」だけが残った。

歴史的事実は飛び石として、ある日、ある空間に、ある瞬間、渦巻いていた空気を描く。読む音楽として、味わいたい本だ。

（関口涼子訳、みすず書房、二〇〇七年）

小説の理解を深め読む喜びを拡大する批評

岩田誠『神経内科医の文学診断』

普通、健常者は、病いや痛みの内側へ、なかなか同化できないものだ。想像力には限界がある。病いとは、当事者以外になかなかリアリティの広がらない、もっとも主観的な世界である。

本書はその、見えざる病者の内面世界に小さな理解の穴を穿ち、わたしたち読者を導き入れる。著者は神経内科の医師。小説を好み、読み込むうちに、自身の専門である疾患の記述に、たびたび出会うことになった。小説に描かれた、登場人物たちの症状から、著者は病名を導き出していく。診断がおりると、なるほどそうか、そうなのかと、わたし自身までほっとした。

作家たちは、医師である著者が驚くほどに、正確に病症を描いている。わたしなど、今まで読んでも、ああ、妄想ね、痛みね、頭痛ね、と至極簡単に片づけていた。つまり、健康で怠惰な読者。その意味でも、本書は小説の理解を深め、読む喜びを拡大する。主人公たちの痛みについて、より正確に知ることになるからだ。

失語症例の一つとして、アーサー・L・コピットの『ウィングス』がとりあげられている。飛行機事故にあい、言語能力のすべてを失った夫人。失語症と一口に言っても、ほとんどの場合、突然始まるため、患者は「発症当初……自分の言葉が通じなくなったことが、自分の病気のためであるということが……自覚」されないという。そのため、なぜ言葉が通じないのか、わからなくて腹をたてるらしい。言葉を失っただけで人間は世界から追放されるが、自分が追放されていることすら知らないとは。こういうことは、医師から聞くまで、わからない。

医師数人と夫人の会話表現は、著者によって「驚嘆に値する」と書かれている。なぜなら失語症の夫人の立場から記述されたものだから。テキストを読む限りにおいて、わたしたち読者も、正常なはずの医師の言っていることをまったく理解することができない。現代詩の難解性をはるかにしのぐ面白さだ。

診断というものが、外側から患者を観察するものであるなら、文学は、病いの内側にもぐりこんで、そこから外を見る。目の玉がぐるり、一回転する本だった。

（白水社、二〇〇八年）

肉眼とはこんな眼のこと　洲之内徹『洲之内徹が盗んでも自分のものにしたかった絵』

わたしが、この本の著者・洲之内徹の文章に初めて触れたのは、二十年以上も前のことになる。最晩年の頃であった。絵を語りつつ、絵から離れ、ふたたび絵に戻ってくる。その自由な呼吸の按配には、洲之内独自の深みと軽さがあって、たちまち魅せられたことを覚えている。絵肌にじかに言葉が寄り添うような、あたたかみと含羞、突き放した視線。こんなふうに絵を語れるのだという、そのこと自体が、驚きだった。

本書は、その彼が手元に置いた絵、いわゆる「洲之内コレクション」を並べたもの。絵についての煌くような文章の抜粋も載っている。

よく人から、絵に保険は掛けてあるのかと訊かれたらしい。彼は掛けていない。「絵は絵であることで価値があるので」焼けてしまえば、お金を貰ってもしょうがないと。そりゃそうだ。実にシンプルな思想だけれど、それを貫くのは、簡単なことではない。洲之内徹とは、どういう人なのか。読者はだんだんと、彼の視線を、本書のなかに探し始める。

実に面白い絵が並んでいる。文章によって、絵がさらに強く輝きを増す場合もあれば、絵と文章の抜粋が、天秤に載せたそれのように、際どく釣り合っているものもある。絵よりも、絵に魅せられている著者の精神に惹かれる場合もある。

選ばれた絵は肖像画が多く、風景画にしろ、版画にしろ、どれも絵の奥に、孤独な魂の存在を感じる。それを一つひとつ繋いでいったならば、洲之内徹の魂一個が、静かに形を現すのだろう。「いつも、他の絵には感じない、ある特別なものを感じる。なんとなく客観的になれないのだ」。そう書いたのは、佐藤哲三の作品について。「例えば大勢の他人の中で肉親を見かけるような感じ……自分が抱いたことのある女を人中で見る感じと言ってもいい」。画家がこれを読み得たとしたら、きっと喜んだことだろうな。

自筆原稿も載っているが、それを見ても、この人が肉眼を駆使し肉筆をもって、絵と対峙したことがわかる。洲之内の身体が、ここにあるのだ。

（求龍堂、二〇〇八年）

中華まんを食べながら映画を観る　武田泰淳『タデ食う虫と作家の眼』

先頃、初めて印度・コルカタへ行き、混沌と喧騒、人間の逞しさに、魂が感染したようになって帰ってきた。旅の前後に本書を読んでいた。そうして、ここに書き付けられてある、人間存在に対する面白い発見の数々に、しばしばうならされ、立ち止まった。映画を観るとは人間を見ること、その肉体を見ることである。

武田泰淳の眼差しには、常に人間の深みへ降りていこうとする真摯さがあり、同時に映画という猥雑さに、その創られた「現実」に、どしどしと踏み入っていく、ユーモラスで泰然とした態度がある。わたしにはそれが、まさに印度的と感じられた。読んでいると、筆者が映画鑑賞の際、好んで食べたという中華まんの匂いすらもたちのぼって。印度と映画と武田泰淳。並べてみると、よく響きあう。

冒頭の一文、「映画と私」の出だしの文章に、まず、つかまる。すべてのものは変化する、変化しないものは「存在」ではあり得ず、無限に自由な変化こそ「存在」をいきいきと動かすもの、「存在」をしっかりと支えている条件なのだと書いている。そして、芸術の歴史は、無限に自由な変化の歴史であり、映画の世界ほど、この、「無限に自由な変化」の喜びを、急速に充分に味わわせてくれるものはないのだと。

語られている映画のうち、わたしが観たものはごく少ない。だからといって本書を読む喜びが減ることはない。この本の面白さは、映画からさらに人間考察へと飛び火していく、その広がりのなかにあるからである。

作家はマリリン・モンローや左幸子のような、逞しさと豊かさを持った女優が好み。フェテッシュなこだわりがなく、現実の地面の上に輪郭のあるエロティシズムを発見しようとする。役者も監督も映画作品も、存在丸ごとが、まずはがっしりと受け止められ、だから、たとえ率直で厳しい批評が書き付けられてあっても、そこには不毛さがなく納得できる。映画への愛情は、損なわれることなく、増々膨らんでいく、ということになる。つまりは創造の種子を、育てるような批評なのだ。

巻末には、映画化された二編の短編が掲載されているが、これが大変に面白い。深くて怖い。なのに、おかしい。文章のなかに、肉体の痙攣がある。かくしてこの本は、「映画評論」を越え、わたしにとっては武田泰淳その人の、入門書のような一冊になった。

（清流出版、二〇〇九年）

詩と人格　後藤正治『清冽——詩人茨木のり子の肖像』

茨木のり子は、詩が人間を支えるということを静かに実践し得た詩人である。若いころわたしもまた、詩人の書いた「汲む」という作品に、励まされ泣いた記憶がある。

ここに評伝がまとまって、作品のみならず、その生涯にあたたかな光があてられた。著者の書き方は、詩人の「本当の姿」などというものがあったとして、それを暴くようなものではない。読者は作品から想像し得た詩人像を本書によって確認することになるだろう。

ただ、茨木のり子の詩の場合、優れた人格が一つの考えを持ち、それが言葉を押し上げ、時には言葉の前面に立って、作品をあらしめるというところがあった。人格の美しさを詩的技巧が支えている。いや、優れた人格が一篇の詩を支えている。言葉をまず第一に見ていった場合、そこに少なからず不満を覚える場合がある。晩年の詩集『倚りかからず』は、多くの一般読者をつかんだが、厳しい批判も出たのだった。著者は吉本隆明らの批評を紹介しつつ、茨木詩の本質を浮き彫りにしていく。

おそらく当人は、そうした一切を承知しながら、何を言うわけでもなく死んでいった。反論はいつも作品でと考えていたふしがある。万事において身の処し方が見事だったが、何かに倚りかからないでも平気だという強い人間ではなかったと思う。それも本書で確認できたことだ。夫が死んだときまだ四十八歳で「戦後を共有した一番親しい同志を失った感が痛切にきて虎のように泣いた」と本人が書いている。

『歳月』はその夫を恋うる詩集で、甘やかな官能と慟哭が入り交じった作品が並んでいる。本人の希望もあり茨木の死後に刊行された。本書と併せて読んでみると、茨木が一人の女として秘めるべきものは秘め、亡くなったということがわかる。「わたくし」を慎み、栄光を遠ざけ、寄りかかってもいいのに、人前では背筋を伸ばして生きた人。「清冽」な生涯がここに定まった。

（中央公論新社、二〇一〇年）

佐野洋子さんは怖い文章家だった　佐野洋子『シズコさん』

佐野洋子さんは怖い文章家だった。人が見ないふりをするところをさらっと真顔で書く。文章全体にいつも心が丸裸という印象を受けた。小さな頃から死をかみしめて生きてきた人だと思う。普通の人がやる当たり前のことを当たり前にやって死ぬ。生きるほうが大事で、文章なんか「嫌々」「ついで」に書くのである。それが凄い芸になっていた。

『シズコさん』に、かつての夫のことを「日本語を自分だけのものと思っているのか」と書いている。数日前、偶然、ある雑誌で谷川俊太郎の詩を読んだ。夜中にかかってくる無言電話のことを書いていて、沈黙がしみる、いい詩だった。かけてきた相手が誰かわかっているという設定で、それ以上は何も書いてなかったけれど、わたしは勝手に佐野さんだと思って読んだ。佐野さんはもう死んでいなかったけれど。

（新潮社、二〇〇八年）

言葉によって引き出される恐怖　中野京子『怖い絵 2』

「怖い絵」というものが、最初からあるのではない。著者の文章が怖さを創る。前著に続く本書でも、魅力的な二十の絵画がとりあげられている。各章、著者がたんたんと、絵の細部を説明していく箇所がある。それだけのことが、すでに怖い。

「何が起こっているのだろう？／何が起こっているにせよ、それは怖ろしいことに違いない。張りつめた表情、緊張感漂う肉体の動き、とりわけ夏空に雷雲が盛り上がるように、凄まじい勢いで沸き立つ髪の毛。そのありえない髪の乱舞は、ほとんど彼女の上半身を翳らせるほどだ」（ハント『シャロットの乙女』）

こうしてわたしたちは、言葉によって、少しずつ深く、絵のなかにおびきよせられていく。すでに知っている絵もあれば、この本で初めて知った絵もある。よく知っているはずの絵も、今まで何を見ていたのかと思うほど、文章によって、初めて見るような部分が浮かび上がってくる。つまりわたしは絵を、今までかなりぼんやりと見ていた、ということに気付く。

もっとも、本書を読み、すっかり絵を「理解」した気持ちになった後、もう一度、改めて冒頭の絵を眺めるとき、わたしは言葉を捨て、改めて、ぼんやりと絵を見ることになる。絵を見るとは、そういうことなのだろう。

だが同じ「ぼんやり」でも、前と同じではない。絵はそこにあるだけで変化するわけはないのだから、それを見るわたしが、わたしの視線が変わったことになる。本書を読まなければ、たとえ出会っても、そのまますれ違うだけであっただろう絵に、わたしたちは怖いという透明な感情を通して、強く結び付けられる。二度と素通りできないほどに。真に戦慄するのは、このときである。

わたしが、本書中、もっともひかれた絵は、ベックリンの描いた『死の島』だ。初めて知る画家の初めて見た絵。「若くして未亡人となった注文主からの、「夫の喪に服し、夢想するための絵がほしい」との要望に応えた」ものだという。真ん中にそびえる黒い糸杉の群れ、異様に明らむ建物のような謎の光源体、舟をこぐ人の不自然な位置。見ているだけで、胸が不安にかきたてられる。そしてこの、不安や怖れに、見ているわたしはむしろしがみつく。それは、それこそは、生きていることの、証ともいえる感情だから。

ここでもまた、絵に関する驚くような情報が重ねられて飽きないが、絵の謎がそれですっかり消滅するというわけではない。冷静で批判的な著者の視線は、怖さをいっそう増幅させるものであり、さらに絵を知りたいという鑑賞者の欲望をあおりたてる。

それにしても、無言で佇む一枚の絵が何と多くの言葉をしまいこんでいることか。そして「怖い」という感情の、なんと初心《うぶ》なこと。それは絵のなかから、言葉の介助を得て、今まさに、生まれたばかり。羊水をまとい、濡れているように瑞々しい。

（朝日出版社、二〇〇八年）

すばらしき淫心　永田守弘編『官能小説用語表現辞典』

官能小説に現れた表現を、「女性器」「男性器」「声」などの数項目にわけ、言葉ごとに数行の引用文を掲げ、紹介したのが本書である。官能小説を、読みたい、書きたいという読者に、言葉からのアプローチをまっとうにうながす。たとえば「男性器」の「ペニス」の項目をみてみよう。「ジュニア」とか「巨大なソーセージ」とかいう古典的でわかりやすいもののほかに、肉竿、牡茎、火柱、卑棒、キリタンポ……など、苦心の名称が、ずらりと並ぶ。なかには「イギリス製の鉄兜」とか「象の赤ちゃんの鼻」などというものも。「肉筆《にくふで》」とある横には、こんな引用文が。

「背中をのけぞらせるようにして、郁子は鼻から熱い息を洩らした。

「じゃあ、これはどうだ?」
いろはの「ろ」の字だけを、何回も肉筆を駆使して肉ヒダの中で書き続けた」(藍川京『人妻狩り　絶頂玩具に溺れて……』)

はからずもここには、文字というものの持つ、肉体性が利用されている。いろはの「ろ」というのが、淫靡で生々しい。漢字にしろ、ひらがなにしろ、文字のひとつひとつには、こうしてうねりをもつ、運筆のエネルギーがしまいこまれているのだ。官能小説を読むということは、すなわち、母国語の文字に感じ、文字に犯されることなのかもしれない。

それにしても、本書の項目のうち、「女性器」のなんという圧倒的な量! 官能小説の主役は、「女性」ではなくて、「女性器」だったのね。少なくとも、「男性器」の五、六倍の分量がある。しかも、「男性器」には、「いけない張本人」とか「いけない坊や」「おとこ」「せがれ」「おのれ」などの主格表現が現れるのに対し、「女性器」はひたすら、眺められる受動的器官である。わたしはつくづく感嘆した。その豊富な表現の数にというよりも、言葉の背後にある、眺める目の情熱に! それらを書いたのは作家だけれども、作家はひとつの出口にすぎない。言葉にこもるのは、それを名づけてきた男たちの視線と情熱だ。

当たり前のことかもしれないけれど、官能小説には、いかせるペニスと、いく女しかいない。女を満足させられなかったおちんちんはなく、感じなかったという女のからだもない。射精と絶頂が、大前提にある。この予定調和は幻想である。多くの官能小説は、あまりに簡単にいってしまうように見える。もちろん、読むほうだって、それを期待して読むんだけれど、これでいいのか。これでいいのだ。でも、それでいいのかな、とわたしはちょっと悩む。クライマックスという最終目的をもってしまっていることは、同時に官能小説がみずから孕んでいる罠ではないか。この辞典を読みながら、ふと、そんなことを考える。簡単にいくことを、ほんの少しだけ遅らせること、それが言葉の役割なのかもしれない。

オノマトペの項目には工夫が満載。そのものが出入りするさまをグシュニュリムチュグチュと書いたのは、館淳一。精液が出るさまを、どぴ、と書き、固くなったペニスの先端に現れた粒を、ぷにぷにと表わしたのは、内藤みかだ。

あとがきで、編者の永田守弘は、「官能小説は性欲をかきたてるためのものではなく、もっと感性の深くにある淫心を燃えたたせるものです」と書いている。とても繊細な言い方である。官能用語を、いっしんに集めた、彼の情熱もまた、淫心の一種の変形だろうか。うごめく淫心がある限り、わたしたちはたしかに、生きているといえる。

本書は六年前に刊行されたが、今回、一部が差し替えられた。具体的には、「迫力表現」の項目が「絶頂表現」となって項目建ての内容がクリアになったほか、旧版にあった「年齢別女性器描写」というのがカットされた。これがほんとにただの辞典なら、あってもまったくかまわないのに。つまり言葉を並べただけで、そこには見る側のイデオロギー（若い方が絶対綺麗でいい）が自然とアカラサマになってしまうということなのですね。官能小説には「老女もの」っていうのは、ないのですか？（これ、素朴な疑問です）。

（ちくま文庫、二〇〇六年）

「盗み心」と創作の秘密　星野晃一『室生犀星——何を盗み何をあがなはむ』

今年は、犀星の生誕百二十年にあたるのだそうである。この作家が、七十三歳の最期に至るまで、自らを雑巾のようにねじり搾って死んでいったことが、本書を読むと確認できる。カスカスになった雑巾ではない。まだ十分に水分の残った、奇跡のような雑巾である。

わたしにとっての犀星は、出会ったときから面妖なおじいさんだった。彼には勿論、幼年時代もあったし、朔太郎と競いあった若年期もあった。だけど最初から、どこかおじいさんだった。そうして本当のおじいさんになったとき、着物を着、ステッキを持って、家族にはちょっと映画に行ってくると言って、おんなのひとに会いにいった。その姿には可愛げがあり、人を大いに油断させる。もっともそれだけではすまされない。表面は茶色くしなびたようなのに、内側が梨のように異様に芳醇。そんなおじいさんがどこにいるか。一種の化け物といってよく、創作家としてみたら栄光の晩年である。彼は一体、何者だったのか。

三回の展開期があったと著者が書く、犀星の旺盛な作品群。そのすべてを貫くキーワードとして創出されたのが、「盗み心」というものである。今まで誰も、こんな側面を中心に引っ張りだしてきて犀星を読む人はいなかった。しかし言われてみると、何かすっと、腑に落ちる重たいものがある。盗み心という反道徳的「悪」が、犀星の文学をどう輝かすことになったのか。

「盗み」といっても、作家としての犀星が実際に何かを盗んだというわけではない。好奇の餌食となる「盗作」をしでかしたわけでもない。しかし彼は、盗みという、この人間の匂いがぷんぷんした悪の輝きを知っている。その心を知っていて、晩年になるまで、様々な作品のなかに、味噌のように入れ、溶かし続けた。庭や女人への「盗み見」にまで視線を広げながら、筆者は段々と「盗み心」の周りを包む、犀星の孤独や寂寞感に迫っていく。

本書の特徴の一つは、どこまでも作品から目を離さず、そのなかに、にじり寄っていくこと。自然、引用が多くなるが、この引用が効いている。読んでいくうちに、この「盗み心」こそ、犀星文学の「臍《へそ》」ではないかと思えてくる。本書によって光が当てられたが、ずばり、「盗心」という詩もあった。

犀星が私生児として生まれ、「赤井ハツ」という女性に育てられたのは、よく知られていることだ。「酒豪」「暴力的」で、実質的な意味での「盗み」も働くような、一種の猛女であったようだ。このハツは金沢・雨宝院の住職室生真乗と内縁関係にあり、犀星は幼少時に真乗の養子になった。血の繋がりのない父と母。詩「盗心」には、ハツから頰を幾度も打たれながら、足の裏に踏んで隠した銀貨のことを、最後まで知らないと言い張った子供時代の一情景が描かれている。不幸な生い立ちのなか、生きんとして、めらめらと燃え立つ暗い命が感じられる。著者も示唆するように、「盗心」は、この生い立ちと無縁のものではない。

犀星の書いた言葉を引用しながら、著者は次のような趣旨の、達見を記している。すなわち、ハツによって植え付けられ育てられた「盗み心」は、「文学精神」によって刈り取られたが、その「悪い魂」は生き残って、創造の核になったのだと。

雨宝院の賽銭箱から賽銭を「盗む」女と、その女に魅せられる「私」が描かれたのは「性に眼覚める頃」。本書の副題「何を盗み何をあがなはむ」は、自伝小説「作家の日記」のなかにある「盗みごころ」という序詩の一節であるという。そして晩年の「字を盗む男」には、手紙を盗み読む「ぢぢい」と四十女が描かれた。犀星の生涯が透けて見えてくる、これはまさに面妖な掌編だ。

長い年月がかけられた本作を、「労作」の二文字でまとめるのはおしい。犀星の核心を重い刀で突いた一冊。


（踏青社、二〇〇九年）

無が白熱する迫力　池田晶子『暮らしの哲学』『リマーク　1997―2007』

わたしの手元に、二冊の本がある。いずれも著者である池田晶子さんが亡くなられた後、刊行されたものである。

ひとつは『暮らしの哲学』、もうひとつは『リマーク　1997―2007』。

一見、対称的な二冊であるが、どちらも池田晶子であり、語られている内容には少しの齟齬もない。ただ、前者について言えば、書名を見たとき、「暮らし」という言葉に違和感を覚えた。この、ぬくもった語彙は、本来の池田さんには、あまりなじまぬように思ったのだったが、もし、本人が選択したのだとすれば、このひとが、ついにこの「地べた」まで、降りてきたのかと、深い感慨を覚えずにはいられない。

著者の書くものは、すべて「生」、「死」、「存在」、「私」をめぐる形而上学で、本質的には最後まで変わらぬ一貫性があったが、微妙なところでは、深化し成熟した。わたしには、身にしみる変化であった。その変化に、池田さんの「生命」が、ありありと感じられた。

生命とは、移ろっていくもの、変化するものである。なにがあっても生きたいという、「命根性」（著者の造語）を持たなかった人であるが、樹木が緑に燃え、やがて紅葉し、朽ち、散っていくように、自然現象のひとつとして、自分の老いを、書くもののなかに「変化」として鮮やかに表してくれた。稀有なことだと思う。

いままで普遍の真理にばかり夢中になっていた彼女が、本書では、この世の現象という、雑多で移ろいやすい、それゆえの豊かさに驚いている。それは池田晶子という個人に訪れた変化であると同時に、わたしには、善なる魂を宿したひとりの女、ひとりの人間がたどった道筋として見えてくるものだ。

「……人間のある種、魂のような部分には……完全にロジカルなものからすり抜けて、憧れ出でて行ってしまうようなところがどうもある」

このように書くとき、池田晶子は和泉式部だ。春という季節の「痛み」について書いた文章は、わたしにはほとんど「詩」と思えた。

「春は、繰り返し巡り来る。一回的な人生と、永遠に巡る季節が交差するそこに、桜が満開の花を咲かせる。人が桜の花を見たいのは、そこに魂の永遠性、永遠の循環性を見るからだ。それは魂が故郷へ帰ることを希うような、たぶんそういう憧れに近いのだ」

感慨としては、新しいものではない。誰もが感じることなのだが、こう表現するのが池田晶子であり、あと少し、生きてくれていたら、今度は詩、あるいは散文詩のようなものへと、表現形式を移していったかもしれないと思う。

この本が、言葉の「花」だとすれば、『リマーク』のほうは、言葉の「骨」だ。著者が「認識メモ」と称する覚書であり、無が白熱する迫力がある。

横書きで記されたそれには、傍線、かっこ、囲みなど、記号が豊富に使われ、ひとつの「哲学的図案」あるいは「哲学標識」という趣きがあるが、確かにわたしは読みながら、「読む」のではなく、次第に何かを「見ている」様な気分になった。

言葉の意味が蒸発し、赤いものが爆発したり、青いものが沈静したり、白いものがだらりとたれてきたり。

言葉が言葉として定着する前の、観念の絵画を見るようなのだ。実際、どうしても言葉にならぬそれを、空白の囲みで表現したりしている。この最小限の書付けには、切迫したリズムがあり、その息遣いは、まだこれが、「文体」をもっているとは言い切れぬ「断片」であるにもかかわらず、どこをとっても池田晶子そのものを体現している。

一見、行わけの詩のようなかたちをとりながら、「詩」を排除した（あるいは断念した、あるいは拒絶した）厳密さと果敢さで、言葉の崖を、ひとり、伝って歩いているようなところがある。

いっさいの補足や解説もなく、これほど不親切な書物もないと思うが、これほど池田晶子さんらしい本もなく、これほど、認識することの哀しみに満ちた本もない。

どこでもいい。どこを開いても、そこから世界が開けていく感触がある。

死者
死体の謂ではない
生存ではない存在形式において存在する者
つまり異界の者
の思い為すこと、それが物語である。

死者の思い為しを生者は生きている
死者に思われて生者は生きている
したがって、生存とはそのような物語なのである

巻末に二〇〇七年二月からあと、刊行月まで、日付以外、何もない白紙の数頁がある。その頁をめくり、空白を読みながら、わたしは池田晶子が、ここにいる、と思った。何も書かれていない。文字としては。だからこそ、彼女はいる。そこに在る。そう感じる。そういう存在の仕方を、死ぬことによって、このひとは身をもって示してくれた。彼女を深く理解する編者によって、このような幸福な本のかたちがとられたことを（それがたとえ、造作上の便宜であろうと）、わたしは読者として、よろこんでいる。

（『暮らしの哲学』毎日新聞社、二〇〇七年／『リマーク』トランスビュー、二〇〇七年）

煙草を吸う子供

スワのこと――「失恋したときに読む本」という課題に答えて

ひとと暮らしていると、知らぬうちに、本棚の本が、混ざり合ってしまうことがある。見覚えのない本が、自分の本棚にあったり、見つからなくて探していた一冊が、相手の本棚にまぎれこんでいたり。

この前も、自分ではまったく買った覚えのない本を、本棚に見つけて、妙な気分になった。太宰治の短編集だ。『富嶽百景　走れメロス』（岩波文庫）とある。なんとなく手にとって読み始めた。

太宰を読むのは、やけに久しぶりのことだ。へえ、と思った。新鮮だった。これが読めること、読めること。

ああ、恋の作家だなあ、とわたしは思った。恋する男女のことが書いてあるというわけじゃない。文章自体が、恋の状態にあるということ。つまり、なんというか、発情しているのだ、華があるのだ。戦前に書かれたものだというのに、なんだろう、この生々しさ。この作家はいまだに、「流行作家」を続けている。

これはめったにないことだけれども、出会った瞬間、目の前の男に、いきなり、ああっと感じることがある。性格も人柄も、まるでまったく知らないというのに、そのとき、すべてが決まってしまう。

一目ぼれ、というのともすこし違う。もっと動物的で原始的な感覚。からだじゅうの体液が、ごくんと反応し、動き出すのがわかるのだ。

太宰の文章にも、そうした「生理」が通っている。読んでいると、文章の奥に、作家のほとばしる体液を感じる。読者の体液もつられて動き出す。そこに出現するのは、「恋の空間」だ。読者は作品世界のなかで、地上から数ミリ、浮いた状態になる。

「失恋」を、文字通り、恋を失ったとき、という意味にとるなら、そのときわたしがすることは、少なくとも本を読むことではない。尋常ならざる状態だ。おろおろし、なんとか復縁できないものか、と画策するが、頭のなかはまっしろ。完全思考停止。いよいよ、別れるしかない、と思い知ったのちには、烈しく泣く、当り散らす、などなど、はた迷惑な自暴自棄の生活が続きます（次の人が現れるまでね）。

こんなわたしに、薦められる本など、あるわけもない。そもそも詩も小説も、そこに解答や癒しを求めるひとには、処方箋にもクスリにもなりえないのではないか。けれどだからこそ、逆にこうも言える。あらゆる本が、わたしたちの生きる人生の局面に、「ふさわしい一冊」として立ち現れてくるのではないかと。

なんだか非常に調子のよい展開だが、つまり、わたしたちは読みたいと思っている意味を、まさにそのとき、手にとった本のなかに、見つけるというわけ。本の方がわたしを「読む」というわけです。

たまたま手にした太宰の短編集には、冒頭に、「魚服記」という幻想譚が置かれていた。

東北の貧しい寒村。炭焼き職人である父と二人で暮らす、スワという少女が主人公だ。父に言いつけられて、霜が降りる季節まで、滝壺のわきの茶店で働くスワ。冬が来た。スワのきらいな季節である。ひとり、父を待ち寝入ってしまったスワに、ある雪の晩、何かが起こる。酒を飲んで帰ってきた父に犯されたのか？　省略と飛躍のある短い文章は、何一つ具体的に教えてはくれない。こうした一切は、想像するだけである。でもどうやらそれが発端となって、スワは滝へ飛び込み、最後は鮒になってしまうのだ。そしてからだをくねらせながら、滝壺に向かって行き、「くるくると木の葉のように吸い込まれ」て消滅する。恋を失うと、はっきりと自分が死ぬ。同じように、スワの滅失には、悲しいが、自己の消える恍惚感もある。

野性の少女スワが、父と交わす会話は、こんな具合だ。

「お父《ど》、おめえ、なにしに生きでるば」

「わからねじゃ」

「くたばったほうあ、いいんだに」

「そだべな、そだべな」

「あほう、あほう」

この親子の会話は、まるでひとりの人間（太宰）の自己問答のように聞こえてくる。わたしのなかにもふたりがいる。「なにしに生きでるば」と問う「私」。そのとき、同時に問われている「私」。

コトの起きた晩、スワは、「あほう。」と短く叫び、雪のなかへ走って出て、肩であらく息をしながら、「むしむし」と歩き出す。忘れられない擬態語である。犯し犯されて、生きていくわたしたち。

ならば「むしむし」と生きるほかない。もちろん、恋を失ったときにだって。

灰に沈む火箸

鏡花との、最初の出会いは「高野聖」だ。読んでたちまち魅せられたものの、そのあと、次々と作品を読んでいくというふうにはならなかった。わたしには簡単に読める文章ではなかったからである。

ここに「照葉狂言」という作品がある。鏡花二十三歳のときの作品で、言文一致以前の雅俗折衷体で書かれている。「高野聖」より、なお難しい。幾度か読むうちに慣れてはきたものの、まだ読み終えたという感じはしない。

そんなわたしがまず、興味を覚えたのはストーリーよりも小説内の「素材」だ。風物、現象、モノ、言葉。多くが芝居の小道具のような人工性を帯びている。最初はどれも、作者の計算の内にあったものと思うが、中途で、モノ自体がにわかに命を得、作者に向かって静かな反逆をおこすように見える。それがわたしには面白い。

たとえば冒頭に出て来る「青楓《あをかへで》」である。貢が思慕する「うつくしき姉上」お雪の家の窓に、届かんばかりに伸び栄えているのだが、途中、洪水があり、この木が流れ、不運な事故の原因となる。最後のほうでは、苔まで生えた幹だけのものになってしまう。

青楓は夏の季語にもなっている。今の時代で言うならアイビーか。アイビーならうちの周りにも群生しているが、アイビーと青楓ではかなり違う。ここでは「青楓」という命名が、わたしの心に妙な違和感を広げた。紅葉しない常緑の楓。考えようによってはグロテスクではないか。ビニール製みたいな感触がある。もっとも苔の生えた「幹だけの樹木」というのもどうか。四肢をなくした胴体のように、さらにも増してグロテスクだ。青楓という粋なその名を、はみ出すモノと化している。

女の能役者・小親が、貢に与えたところの「蒲団《ふとん》」も気になるものの一つである。この「蒲団」をめぐって、士族の子・国麿は貢に容赦のない言葉を浴びせかける。「ほんとのお能は男がするもので、女のは乞食だ、乞食の敷いた蒲団に乗るなんて、身が汚れる……」と。貢に対しても、「平民のくせに、うちが藝妓屋《げいしゃや》のくせに」と言いたい放題。さて貢は。貢は平然と答えるのである。「可《い》いよ、可《い》いよ、私《あたい》、私《あたい》はね、こんなうつくしい蒲団に坐る乞食なの……」。これは自虐か諦めか。いや、それだけでは解決しない。声の中には歓びがある。

ここを読んだとき、一枚の座蒲団が、その人工の皮膜を破り、リアルにふくらはぎに触れたように感じた。そうしてわたし自身がその上に座って、「私は乞食」と言ってみたいような気分になった。この蒲団、「緋鹿子《ひがのこ》を合《あは》せて両面《りやうめん》着《つ》けて、黒《くろ》き天鵞絨《びろうど》の縁取《ふちと》りたる綿厚《わたあつ》き」と形容されている。ここにある「緋」の色を、わたしは最後の場面につなげて読んでみたい。橋の上で柿を売る娘たちの風景が出てくるのである。彼女らは、夜更け、欄干に枕してそのまま眠り、そのとき、笠のなかから紅の笠の紐が、ふたすじ、しなやかに、肩より橋の上にまがって垂れていたとある。映画の一シーンを見るようだ。

橋の上とはいえ、路上で眠る彼女らに、乞食を重ねてみることもできるだろう。蒲団の緋から、紅い紐へ。色は生きた蛇のように、小説内を変化する。わたしの連想は、同じ年に一挙掲載された一葉「たけくらべ」へとさらに飛んだ。鼻緒の端切れ、紅入り友仙と、響きあうものを感じないか。

また、廣岡の家の下婢が、継母いじめの昔ばなし、「阿銀《おぎん》、小銀《こぎん》」を貢に語るが、この物語も本筋には無関係ながら、妖気漂う波動を作中に広げる。継母によって山へ捨てられた姉の阿銀。その阿銀が土の下にいると直感した妹の小銀は、「地《つち》に口《くち》をつけて」姉を呼ぶ。土のなかには水が段々とあがってくる……。ひんやりとした土と水の感触が、粘膜を通して伝わってくるようだ。

小親が貢に「私《わたし》や何《ど》うなつても、可《い》いのかよう」となじる場面を見れば、それに呼応するかのように、火箸が見る間に音もなく、灰のなかに、とぼとぼと深く沈む。火箸ならぬなにものかが、こちらの心に、ぬっと沈み込んできたかのよう。その濃い気配に、ぞくりとする。

選ばれている言葉も面白くて、それは鏡花のものというより、江戸から明治へと渡されてきた時代の言葉というべきものである。「野衾《のぶすま》」あるいは「袂ッ草《たもとくさ》」などという単語を、わたしは「照葉狂言」で初めて知った。「野衾《のぶすま》」のほうは「こうもり」のこと。貢はこれにさらっていかれるのではないかと恐怖している。意味を知る前に、ノブスマという、この音だけで充分怖い。

「照葉狂言」の中には、関東ローム層のように、幾重にも重なるイメージの層がある。

哀しい鬼　東雅夫編『文豪怪談傑作選　室生犀星集　童子』

犀星の書いた文章は、ときに不器用な印象を与えるが、ことばのねじれ方が、とてもなまめかしい。まるで野に生きる蛇のように、荒々しい命を持っていると感じられる。逆から見れば、この世の「現実」が魅力的なねじれをおこすまで、犀星が自らの眼力を使って、対象を見尽くしたというふうにも言える。豪胆で人の悪い作家である。

本書には、この作家が大正期に残した怪奇幻想譚が集められている。詩人として認められた犀星が、いよいよ自在に散文というものに挑んでいったころのもので、同時期、私生活では、一歳をすぎたばかりの長男・豹太郎を、病気で失うという不幸があった。本書では、その哀しみが、いくつかの作品に投影されており、幻想を生む核になっている。

たとえば「童子」には、一人の、病弱で美貌の男の子が、どんなにか手厚く育てられ、可愛がられたのかが丁寧に描写されていくが、子が死んだ後、作家の目はふーっと彼岸のほうへ近づいていくところで終わっている。次に置かれた「後の日の童子」では、既に死んだ子が、両親の家に訪ねてくるという設定である。

さらに、後半の「あじゃり」に行き着くと、父子は、「あじゃりと童子」という完全なフィクションに置き換えられており、ここで彼らは親子というより、もはや恋人同士のようだ。炉の傍で、膝にしゃれこうべを抱きながら座っているあじゃりが、実は既に死んでいたという結末まで、あたり一面、腐臭が立ち上る傑作だ。

この三作は、年代的にも近接して作られたものだが、年を経るごとに哀しみが昇華され、それに伴って抽象度・虚構度が高まっている。

その昔、豹太郎なんて名前をつけるから早死にしたのだと人になじられ、怒りくるったという犀星だが、そう言った人の気持ちが、わたしにはほんの少しだけわかるような気がする。子が死んで、作品が創られた。順番はあくまで、そうなのだが、まるで作品が創られることを予見して、子が死んでしまったように見えるのだ。子の命を食らった哀しい鬼。「あじゃり」が犀星にそっと重なる。

（ちくま文庫、二〇〇八年）

青い火

人の顔を、ものも言わずにじっと見るという奇癖を、この作家がもっていたことはよく知られている。奇癖と書いたが実はわたしたちだって、許されるものなら思う存分、誰かの顔を見つめたいのでは。顔は人間存在の象徴である。見つめられることで、そのひとのすべては、顔に浮き上がり、ばくろされる。

幼い頃、両親をなくし、祖父宅に引き取られたこの作家は、祖母が死んだ後、八年ほど、祖父と一緒に暮らしている。この祖父は盲目であった。『掌の小説』の「日向」には、自分の癖は、そのときの暮らしで身についたものであろうかと独白する場面がある。盲目の人には、確かに「見つめ返す」

視線はない。だから見る方は、ぶしつけに見るのが習慣になる。あっと思った。このようにものや人を一方的に見る目は、ある意味では身勝手で冷酷で傲慢。だがその目が、異様な官能の世界を作り上げた。眠らされている美女に添い寝する老人（『眠れる美女』）、鳥に淫する陰気な男（『禽獣』）、『掌の小説』には、「日向」の他、「心中」などの奇怪な絶品がある。

わたしの好みは、妖怪度指数の高い作品に偏っている。川端康成は生きているときも死んでいた。異常に低いエネルギーのなかで、青い鬼火が燃えている。

おまえはおまえ

久生十蘭の数多い短編のなかから、今日は「葡萄蔓の束」という作品を抜き出してみたい。大変地味な小品だが、読むたび、ある光が深部から射す。

出世できないダメ男が出てくる。彼は北海道の修道院で、神へ身を捧げる労働士・ベルナアル。おしゃべり好きで、といっても、それは誰かの噂をするというようなものでなく、春が来た喜びを誰かに伝えたくて……という類のもの。院長は言う。「あのひとは、花や、虹や、小鳥や、小川などの美しさにあまり感動し過ぎるようです」

沈黙の戒律を破り続け、罰として葡萄蔓の束をかき集める仕事を課せられる彼。題名はここに由来する。燃やす他は何の役にもたたない枯れた葡萄蔓。確かに葡萄蔓ってわびしい美があるものの、扱いが案外面倒だし指に傷を負うこともある。

小説の終わりのほうで、彼のおしゃべりに起因する過去の事件があかされるが、その傷を彼なりに乗り越えようとして、彼はここ、修道院に入ったようなのだ。しかしそれもまた、彼自身を苦しめることにしかならなかった。彼が彼であることでぎくしゃくする人生。

わたしたちは、幼児のころ、言葉と心、言葉と体が、まっすぐな、単純な縄で強く結ばれていて、しゃべるってことは歌うことだった。長じるにつれ、言葉と心、言葉と体のあいだに、一枚、また一枚と衝立を立てていって、だんだんと、思ってもいないことをしゃべったり、まるで書くようにしゃべったり。命名という行為の根本にあったはずの、愛するということを忘れて言葉を専ら手段として使うようになる。

その意味でいえば、ベルナアルという人はいまだに幼児であり詩人なのであるが、幼児や詩人は、幼児や詩人であることによって、常に誰かに叱られ糾弾され続ける。そういうことでもあるのだろう。

わたし自身は子供のころから今に至るまで、言葉がうまく出ず、なめらかにコミュニケーションがとれない人間だ。一見、おしゃべり好きなベルナアルさんと反対に見えるけれども、うまく何かを伝えられずに苦しんでいる点では、同じ人間。苦しむ彼は苦しむことで彼なのだ。ラストを読めば、神様がそんな彼の存在全体を、まるごと肯定しているのがわかる。おまえはおまえ。滑稽だ、けれどそれでよいのだと。

十蘭の匂い

わたしは「怖い話」が好きだ。だからといって、人がただ、やたらと殺されたり、血が出たりという話が好きなわけではない。上等な怖さは、目でなく想像力を使わせるもの。一見、そこには何も起こっていないと思わせながら、何かを暗示し感じさせるものだ。わたしは生理的にぞくりとする、あの希有な感覚を文字から得たい。得ればすなわち、毛穴が開き、ああ、生きてるなあと思うのである。

十蘭と出会ったのはほんの偶然。ある日、あるとき、古本屋さんを散策していて、『昆虫図』という一冊を見つけた。タイトルにもなった「昆虫図」、これが怖い。文庫で三頁半の短さである。「詩」と呼ばれるものを書いたり読んだりしてきたので、短い散文作品には、短いというだけで兄弟姉妹のような親しみを感じる。しかしこの作品は、そういうこちらの身勝手な懐かしみを切り捨てるようなところがあった。つまり短いが詩ではない。どこまでも「散文」としてきりっと立っている。しかも安易な「落ち」がない。この短さでも「小説」は書けるのだと、悔しくさえ思った記憶がある。

彼の作品に登場するのは多くが癖のある人物である。善人と言い切れるような人はほとんど見あたらず、男も女も堅気ではない感じがある。格別、水商売を商っていたり、やくざというような設定でなくとも、とりあえずは皆、「玄人」の範疇に入れておいてよい。

わたしは十蘭の没後に生まれ、生前の作家の姿を知らないが、こうした玄人的な雰囲気は、そもそもこの作家に備わっていたのではないかと思わせられる。作品から漂ってくる作家の気配に、「おれはこれによって文を売るのだ」という、一種の凄みを感じるからだ。

もちろん、そんなことは小説内のどこにも書かれていない。面白いのは、文章に、こうしたプロの「売文」意識と芸術性が同居していること。売文には量産がつきものだと思うが、文章にはたるみがない。文体は構築的で、言葉ひとつに重みがあり、推敲癖によってさらに磨きをかけられる。堅牢な建物を見るような安定感だ。「恐怖」はこうした文章のなかでこそ、豊かに繁殖するものなのだろう。「母子像」にあるせりふじゃないが、読んでいるとわたしは「こうしちゃいられない」という気分になってくる。彼の作品には、書く人間の精根を、刺激するようなものがある。

再び「昆虫図」に立ち戻れば、ここにもまた、堅気でない二組の男女が登場する。男たちはどちらも貧乏画かき。女の一方には、吉原にいたらしいという噂がある。途中でその女がいつのまにかいなくなる。するとその家には、最初、蠅が、次に、蝶々が、そうして甲虫がやってくるのである。それを見たもう一人の女は言う。

「……あたしの郷里《くに》では、人が死ぬとお洗骨《さらし》ということをするン。あッさり埋めといて、早く骨になるのを待つの。……埋めるとすぐ銀蠅が来て、それから蝶や蛾が来て、それが行ってしまうとこんどは甲虫がやってくるン」

何が怖いって、この「ン」という鼻濁音の怖さ！　都会的な十蘭の作風に、こののんきな田舎風の響きは、はっきり言ってなじまない。異物である。でもわたしたちは、この「ン」のなかに、はっきりと死臭を嗅ぎ、殺された女の恨みの声を聴く。ストーリーが怖いのではない。どこまでも言葉が、言葉の響きが怖いのだ。

有名な「母子像」は晩年の作品だが、このいたたまれなくなるような母子の哀話にも、背筋が冷たくなるような怖さがある。読み返すたびに残るのは、「かたじけない」という言葉である。時代劇などで、「かたじけのうござる」と言う侍にはお目にかかるが、現代においては失われた言葉といっていい。

ここには息子のことなどまるで眼中にない、美しく生々しい「女」としての母が登場するが、太郎はその母を愛するあまり、母の命令する声を聞くと、「かたじけなくて」身体が震えだす。この一語は、一語だけで、この異様な母子の関係を鮮やかに浮かび上がらせる。

平成時代に十蘭を読む悦楽は、一つにはこのように、この作家が活躍した昭和初期から中期にかけての「日本語」を読むことにある。

「雪間」も大変魅力のある作品だが、ここには「羞明」という言葉が出てきた。作中では、「眩しさというものに極端に鋭感な状態……」と説明されていて（「鋭感」って言葉もあまり聞かないが）、仕組まれた殺人を解く重要なキーワードになっている。

ともかく随所で言葉が決まる。最初にストーリーがあってそこに言葉をあてはめているのではない。まず言葉があり、そのなかにストーリーが動いていく。

「佃渡しで」という、吉本隆明の代表詩をご存じだろうか。出だしの数行はこうだ。

「佃渡しで娘がいつた／〈水がきれいね　夏に行つた海岸のように〉／そんなことはない　みてみな／繋がれた河蒸気のとものところに／芥がたまつて揺れてるのがみえるだろう／ずつと昔からそうだつた／〈これからは娘に聴えぬ胸のなかでいう〉……」

わたしはこの詩を読むと、なぜかいつも十蘭のことを思いだす。とりわけ、「そんなことはないみてみな」というところ、「これからは娘に聴えぬ胸のなかでいう」という一行には、同時代の作品「母子像」の太郎のつぶやきを思わせるものがある。内容でなく、あくまでも、言葉の持つ響きが連想を呼ぶのである。吉本隆明が船大工の息子として月島で生まれたことはよく知られている。

十蘭は中学生まで函館の地で暮らした。でもわたしには、いくつかの作品で、東京の下町、水辺近くに土地勘を持つ人の匂いが感じられた。わたし自身の生まれがそうだから、重ねてあわせてみたかったというのはある。それにしても。

その延長で、とても個人的なことを書く。「虹の橋」という短編がある。「短編てのはね、こう書くんだよ」という十蘭の声が聞こえてくるような作品だが、ここに他人事でない「地名」が出てきた。

主人公の「あさひ」が成り代わることになる、元女給の北川千代。その千代の唯一の肉親らしき、目の見えない祖母の来歴が、「長年深川へ住み着いていて、麻布の霞町に越した」ということになっている。わたしの死んだ祖父がそうだった。深川から霞町へ。後にまた深川へ戻ったが、祖父もまた片目が見えなかった。祖父の場合、霞町へ転居したのは、事業に失敗して、と聞いたことがある。

十蘭と祖父は生年も没年もほぼ同じ。わたしには祖父の記憶がほとんどない。千代になったあさひは、霞町の祖母をたずね、一緒に暮らし、はては千代が犯した過去の罪まで背負うことになるのだが、わたしは彼らに祖父と同じ匂いを嗅ぐ。うまく言えないが、ただ転居の流れが同じだという以上の、同じ匂いを。十蘭の作品には、わたしには懐かしい、ごく近しい人間の「匂い」がある。それがよけいにわたしを惹きつける。

生々しい「狂い」

深沢七郎の『楢山節考』（新潮文庫）には、四つの短編が収められている。冒頭に、「月のアペニン山」という作品がある。文庫本を買ったのは、随分昔のことだが、作家の出世作である「楢山節考」に気をとられて、この作品を見過ごしていた。きょうはこの小品について書いてみようと思う。

末尾に「――サスペンスの練習に――（一九五七年作）」という作者の断り書きがある。この作品が、サスペンスの、しかも練習になっているのかどうか、わたしにはよくわからない。ただ、この付言はとても印象的で、今となっては作品の一部と化している。

確かに漠とした不安があり、その不安の焦点がだんだんとあってくるところは、サスペンス的といっていいのだろう。だが自ら、そう規定することで、逆にそこから、離れていくおかしみがある。こういうものを、一生懸命創った作者の姿が思い浮かんで笑ってしまう。

ここに深沢七郎の体臭のようなものがにじみ出ている。怖いのにおかしい。おかしいのに怖い。感情が整理されなくて、むずがゆくなる。そうした特性はどの作品にもあるが、つまり一色でなく深く混濁しているのである。

静江という、大人しくやさしい妻と暮らす「私」。悪魔の仕業か運命か、どこへ行っても安住できず、やがて下町に居を落ち着ける。隣家の人々とも家族同様に行き来するが、やがて静江に精神の異常があることがあきらかになる。今までの奇怪な掛け違いも、その病が原因であったとすれば、すべて腑に落ちるという状況のなか、「私」は離婚調停をするため、弁護士と裁判所へ出かけていく。久しぶりに盗み見た静江はずいぶん太っていて、着物姿でそりかえったように弁舌をふるっている。その姿を見て、かつて妻であったその女を「私」は「遠い天体を眺めるように、月の光の中のアペニン山脈を見つめるように見」たという話である。

妄想にまみれた人間と、とりあえずはそこから免れている人間は、同じ人間でも言葉が通じない。人間同士を隔てる断絶は、病いによってもたらされたものだが、その病根は、目ではっきりと見えないだけに、わかりにくく、偏見や誤解を周囲に生む。

作者は、それを社会的にも倫理的にも裁かず、ただ現実にある断絶として、ここにそのまま差し出した。その即物的態度は、温かいのだか冷たいのだか、即座に判断できないものがある。人間でありながら人間を降りたような、残酷かつ澄み渡った視線がある。

だがここで、彼女一人を狂人として処理し終わらせてしまってよいものかどうか。

狂っている静江に少しも気づかず、伴走していた「私」もおかしいし、家族のように行き来していたという隣家の一家も、じゅうぶんに狂っている。彼女の狂いによって、関係のなかに狂いへの共鳴が生じていたともいえる。本作品を読んでいると、狂いへの距離感が、自在に伸び縮みする感触がある。

東京は巨大な脳都市である。そこに暮らすわたしたちも、脳一つで社会に浮かんでいる。ネットのような媒体で、日々、妄想をふくらませながら。わたしにもまた、「言葉が通じない」という、呆然とするような無力感と怒りを覚えた経験があるが、人間同士、話せば通じるというのは奇跡的なことだ。半世紀も前の作品とはとても思えない。

名水と処女

二十代の頃、わたしは吉行淳之介をよく読んでいた。読みすぎて、もういいやと思ったくらいだった。そしてある時期から、本当に読まなくなった。作家は亡くなり、いよいよ忘れた。それから十年くらいたった頃だろうか、何気なく再読して、わたしはびっくりした。その文章が、体に、いい水のように染み込んできたからだ。何は置いてもその「染み込み方」において、吉行淳之介は名水である。水が飲みたいと思って、わたしは長い間、獣道を歩いてきたような気さえした。それから吉行再読が始まった。

すごい短編がいくつもある。「娼婦の部屋」「出口」「海沿いの土地で」「手品師」等。繊細で都会的と言われた作家だが、こうした作品には、むしろ鈍器的な重さがある。これは比喩だが、ごろごろとようやく運ばれる荷車の、重い車輪に女の髪の毛が神経のようにからみついている。どの作中にも登場する「私」は、作家本人を想像させるが、薄情なくせに、あたたかいところもあり、うまく性格がつかめない。これは『夕暮まで』（新潮文庫）の佐々にも繋がることだ。だが『夕暮まで』を再読して、わたしは正直、鬱陶しくなった。処女膜をめぐって絡み合う、中年男と若い女の話である。「鬱陶しい」は、この作家の世界を開ける大事なキーワードの一つであるが、それにしても鬱陶しいものは鬱陶しい。

佐々は作家。杉子と肉体の関係を結ぶが、杉子の処女膜は守り通される。どんな行為も技巧的にやってのけながら、その一点は譲らない処女。鬱陶しい気分は、この処女からやってくる。

性という一点から、すべての人間関係を見る作家だが、その視点は執拗であり、一度としてレンズはぶれることがない。したがって、あたたかみのある人間の感情には行き着かない。かつては性的な関係で結ばれた妻、その子供（自分の子供であるのに）も、他人のようなものとして描かれる。佐々は家庭から逃げているのだが、内部にあってそこに背を向けるというのは、矛盾と無理の姿勢であり、本人を蝕まないはずはない。そのような佐々とつきあう杉子も同様だ。

杉子にとって「処女膜」は、商品のパッケージのようなものである。一度破ってしまったら返品はきかない。だが自分の身体のなかにあっても、それは見えないし、たとえ破られても、痛みがないことが多いので、本当は膜など観念的なものである。この観念が、男女をじわじわと侵食し壊していく。どうやら若い男によって処女でなくなったらしい杉子は、ガス管を開いて自殺未遂をする。処女膜貫通が死を呼びよせたわけだが、この場合、被害者も加害者もなく、性が男女を、結びもし隔てさせもし、荒廃もさせたということだろうか。

娼婦との関係を描いてきた作家が、唯一「処女」というものに挑んだ本作。処女礼賛ではなく、「処女」というものの、グロテスクでゆがんだ「怪物性」を描いている点で、本書はわたしに面白いが、貫通の後、怪物は色あせたように普通の女になってしまい、佐々はそのすべてを観察して、巻き込まれず去っていく。真のグロテスクな怪物は、この非情で傲慢な作家・佐々（吉行）ではないか。冒頭に名水と書いたが、底のほうにどろりとした粘液を沈ませた上澄みとしての水である。危険な水であり、ただ、よろこんで飲み込むわけにはいかないのである。

煙草を吸う子供

煙草という、いわば一種の毒が、家族の中でどのような位置をしめ、どのように扱われているかを観察すると、それだけで一編の小説が書けそうな気がする。

わたしはふだん、煙草を吸わない。大学に入ったばかりのころ、女友達の家で、一度吸って、むせて、それきり、やめた。父と母、そして妹は吸っていた。つまり、わたし以外は、みんな、煙草のみだった。母は公の場では吸わない。でも、ある日、台所で、こっそり吸っているところを、偶然、見たことがある。見知らぬ母が、そこにいた。

妹も、家のなかでは決してたばこを吸わなかったが、あるとき、姉妹で喫茶店に入り（なぜ、そのような状況が生れたのかは、よく覚えていない）、そこでおもむろに彼女がたばこをとりだし、火をつけたときは驚いた。へえ、煙草吸うの？　母と同様、知らない妹が、そこにいた。

なるほど、母にも妹にも、わたしには見えない、それぞれの時間があり、それぞれの秘密があり、それぞれの屈託がある。そのことを、煙草は深く教えてくれた。

そしてそういう姿を見たからこそ、わたしは彼女らと、家族というより、「仲間」あるいは「同類」の者であるという意識を、強く感じるに至ったのである。わたしにだって、ここには書かないが、彼女らにとっての煙草に等しい、確実な「秘密」があったのだから。

そういう家のなかで、あからさまに堂々と煙草を吸っていたのは、たった一人の男、父だけだった。父はその意味で、もっともつまらない煙草のみだったが、ただ、父は、吸うときでなく、やめるときにおいて、それを秘密に為し得た人だ。ある日、こっそり煙草を断った。最初は誰も気付かなかった。父も誰にも言わなかった。あれ、そういえばと、誰もがいぶかしく思ったとき、そして、その理由に、それぞれが、不意に思いあたったとき、あっと思った。そんなやめかたをした。

原因は妹の病気である。彼女は高校生のとき、乳首が紫にはれあがり、悪性の乳がんと診断された。そして、あと数年しか、生きないと言われた。その日を境に、父は煙草を断った。もっとも妹はその後、腫瘍が良性とわかり、今もまだ生き延びている。そして父もなお、煙草を断ったままだ。

三島由紀夫の『殉教』（新潮文庫）という短編集には、巻末に、「仲間」という魅力的な短編が置かれている。ここに登場するのが、煙草を吸う子供。舞台は霧深いロンドンの街。謎の父子と「あの人」の、バケモノめいた風変わりな交流が、「僕」＝子の口を通して語られる。

「永いこと、こんな風に煙草を吸う子供を探していた」とあの人に言われる僕は、幼くして既に「ヤニクサイ」。あの人の家で出される煙草は、もちろんのこと、すべて喫むが、旅行中のあの人の留守宅に、父子で忍び込むと、カーテンや外套、着物までも、次々と丸めて煙草にして喫んでしまう。人の留守に、人の家をめちゃくちゃにしてしまうわけだが、それでもあの人は、たぶん怒らない。そんな予感で小説は終わる。なぜなら、三人は「仲間」だから。

今、駅などの喫煙所で見かける、煙草を喫む人々はいわゆる喫煙「仲間」である。だが群れていながら、孤独に見える。彼らは吸う権利のある小さなスペースで、公然と吸うが、堂々と隔離され、あまりにあからさまに嫌われている。

「仲間」の親子が見つけた「あの人」の家は、実に反社会的なユートピアであった。あんな場所は、この世のどこにもないと知りながら、読むたびに、その悪魔的な空気に魅せられる。ベッドのへこみ、分厚いカーテン、そして、もうもうと煙る、煙草の幻臭。漆黒のダイヤのような一編である。

空白とマラソン

ここ数年、わたしは、自分の純粋な楽しみのために、村上春樹を読んでいた。彼の創作ばかりでなく、彼の翻訳した小説も読む。それらはほとんどすべて面白い。翻訳と創作は響きあうものがあり、わたしは一人の作家というよりも、もう少し広い幅のなかで、この作家の世界と向き合ってきた気がする。

そうしてこの作家を読み続けるうちに、そこに他の作家にはない、独特の身体経験があることにも気づき始めた。

彼の作品が、言葉の背後に明確な構造を持ち、その透明で堅固な構造（世界観）ゆえに、翻訳を通して、違う文化の多くの読者をも獲得してきたことは周知のとおりだが、読んでいると、その世界観の枠組みが、まるで他者の身体のように、ぼんやり、すーっと、だが確かな手ごたえをもって、わたしの体に入ってくる。

それは、「気味が悪い」と書いてもよいほどに生々しい経験で、繰り返すが、確かに異物（他者）が、わたし自身の体のなかに、入ったと形容できる経験であった。別の言い方をすれば、文章の後ろ側にあるものと性的に合体するような経験なのだが、その、わたしに入ってきた他者の気配に、はっきりいって、死者の感触がある。ここにいないひと、でも、存在しているひと、そうした存在の仕方によって、わたしたちの存在にゆさぶりをかけるひと、そのようなひとが、わたしの体に入ってくる。村上春樹を読むということは、わたしにとって、いやおそらく多くのひとにとって、そういう不気味な快楽なのではないだろうか。

内田樹の『村上春樹にご用心』（アルテスパブリッシング）は、このことを、もっと根源的かつ理性的な言葉で証明してくれる一冊だ。内田樹は武道に通じ、ラカン、レヴィナスの研究家としても知れる。書く対象の範囲は広く、ユダヤ人からアメリカ、中国、あるいはまた「先生」というものの働きについての考察もあり、どれも面白く一貫しているが、内容は、難しい。それにもかかわらず、読めばなにかがぱっとわかる、少なくともその気になる。わたしはいつも興奮して読んでしまい、あれ、何をいったい、読んだのか、何が書かれてあったのかと、その謎に戻って読み返し、そのたびごとにまた、謎にくるまれ、新鮮に読みかえすという経験を繰り返してきた。つまりこのひとも、村上春樹的「身体」を持っている。

この本で内田氏が書いているのも村上春樹の独特の身体的能力であるが、内田氏のテキストに反応する仕方も、文芸評論家のようでなく、武道家である。ぱっといきなりコッポウをつかみ、鮮やかに切り返し、一気にさけぶ。

加藤典洋氏の批評を踏まえて書かれた「「激しく欠けているもの」について」は、本書中の核をなす一文である。村上春樹があれほどまでに世界的な読者を獲得しているにもかかわらず、日本の国内で、無視あるいは否定されてきたのはなぜか。あるいはその普遍性と人気の理由を、多くの批評家がきちんと説明できないのはなぜ？　内田樹はここで、村上春樹が、日本のみならず、世界全体において、「共に欠いているもの」を表したことによって、驚くべき普遍性を勝ち得たということを言っている。「共に欠いているもの」、すなわち、「「存在しないもの」であるにもかかわらずわたしたち生者のふるまいや判断のひとつひとつに深く強くかかわってくるもの、端的に言えば「死者たちの切迫」という欠性的なリアリティである」と。

その村上春樹が『走ることについて語るときに僕の語ること』（文藝春秋）というエッセイ集を出した。作家は物語を書くだけで、その物語を説明しない。だがこのひとが、「走っている」その瞬間の心の状態について書いた部分は（それは刻一刻と変化するものであり、書くことが非常に難しいことだが）、創作の秘密を明かしたに等しい、重要な部分ではないかとわたしには思われた。それは、走るときに心に生じる「空白」について書いた部分だ。引用するには長すぎて不可能だが、引用したところで、その記述は矛盾に満ちている。だがわたしには、その「空白」が石のような塊として感受できた。

世界を瞬時に覆いつくしてしまうような悪意について、彼はいくつかの作品で描いているが、それを描く作家の内面について、わたしたち読者は無頓着である。悪意を書く作家が悪意から免れているというわけではなく、むしろ悪意を描くことは、悪意にぎりぎり侵食されることであり、悪意と闘うことである。作家の内部は傷だらけといっていい。このエッセイ集を読むと、走るという行為のなかの「空白」が、その傷を治癒するものとして働いているような気がした。

ところで内田樹は前掲の本のなかで、「村上春樹の作品はほぼすべてが「幽霊」話である」と喝破している。なるほど、そうだ。

たとえばここに持ってきた三冊の短編集。『中国行きのスロウ・ボート』（中公文庫）の「午後の最後の芝生」は忘れられない作品だが、ここで語られる、不在の娘は、おそらくもう死んでいる。『レキシントンの幽霊』（文春文庫）の表題作は、まさに幽霊の出てくる話だし、別の作品「沈黙」には、自殺した生徒が出てきて、その死をめぐって不愉快な嫌疑をかけられる「僕」が描かれる。壮絶な沈黙をもって悪意に対する「僕」には、著者の「走る姿」に、重なる部分がある。『神の子どもたちはみな踊る』（新潮文庫）は震災および土の下の、死者たちのエネルギーが隠れたテーマだろう。

どの作品も、ごくシンプルな文章で書かれている。村上春樹には、言葉をできる限りさりげなく、しかも軽く扱おうとする意志を感じるが、同時にその軽い羽のような言葉が、ある深みにまで沈んでくるのを、じっと狙い待っている動物のごとき気配がある。内田氏の本は、そんな作家の中心部にある「空白」に、光をあてるものである。

これからの倉橋由美子

作家は、自らの死をもって、新たな読者を作り出すものだが、わたしが倉橋由美子の作品と出会ったのも、この作家が亡くなったあとのことである。没後にまとめられた数冊を薦められ、読む機会が自然に訪れた。

「パルタイ」始め、初期作品は「煌めく人工物」としての印象が強く、エッセイを除けばその作品と、生涯無縁ではという先入観があったので、面白く読めたのは意外なことだった。今後はさらに、わたしのような読者が増えることだろう。倉橋の作品は大人のための文学である。

とはいえ、その作品が若い魂をひきつけるのも事実であり、『倉橋由美子　夢幻の毒想』（河出書房新社）では、多くの倉橋ファンが、対談、エッセイ、オマージュ短編の体裁をとりながら、いかに倉橋に「心酔」したかを告白している。わたしのような、熱狂しない、遅れてきた読者には少しまぶしい。「心酔」するにはエネルギーがいる。

倉橋ファンにとって、とりわけその初期作品への愛着は決定的で、文学的評価も高いように思われる。わたしの好みはだいぶ違うが、かといって初期作品を排除するつもりもない。ただ、倉橋の小説は、中・後期の作品が、初期作品への批判となって現れているようにも感じられる。それほど違う。しかし同時に、芯とのところではまったく変わらない部分もある。

たとえば描かれる関係の原型が、一貫して在るように思われる。一対の男女関係に必ずや侵入する三番目、四番目の人間がおり、組み合わせは交換され、関係のなかに近親相姦が夢見られたりする。恋愛は愚行であり、結婚は徹底的に打算をもって考えられるべきものである。そのように、読者を、「安易な夢」から徹底的に覚醒させた上で、今度は意識的に、もうひとつの「悪夢」へと招き入れる。

没後に刊行された作品集のうち、初期短編集として新たに編集されたものが『蛇・愛の陰画』（講談社文芸文庫）。濃密な比喩を駆使した文章には、KやLといった、イニシャル表記の人物が登場する。

今読むともうそれだけで、時代が色濃く反映されていて、古色めいた印象すら覚えるものの、作品には、なみはずれた強度がある。小説の「構造」や「文体」に対する意識が、小説世界を統制しているせいで、いったんその世界へ入ってしまうと、強い力で呪縛される。

倉橋の初期の作品をして「詩」のようだと言う人もいるが、逆にわたしは、至極まっとうな、正統的散文（及びその精神）で書かれているように思われた。一文一文を、読み飛ばすことなく、読んでいけばいい（これは倉橋自身が読者に提唱した小説の読み方の一つである）。同じ読み方をしても、現代詩ではまったく効力がないだろう。重ねていき、構築する。倉橋の作品では、そういう散文の力を見せつけられる。

本書に収録された「輪廻」は見本のような一編で、意外な読みやすさに驚かされた。明晰な散文だからこそ、描ける悪夢がある。《城》の中央委員会事務局で働くLが、《城》のなかのできごとを、Kへの手紙のなかで語る。カフカやベケットが連想され、すでに、近親相姦や父殺しのテーマが現れる。また、ここにはすでに、「首」への愛好も見える。高校生のときから倉橋由美子と長いつきあいがあったという翻訳家の古屋美登里さんは、倉橋に「首」への偏愛があるということを、かつてわたしに示唆してくださった。「輪廻」における《城》とは、すげかえられた首たちの作るおぞましき空間でもある。意識と肉体がばらばらなものとしてあり、首の付け根には「環状の縫跡」がある。倉橋の作品は、まさにこんな「からだ」のありようをしていた。

このあいだ、中国・清代の怪奇譚「子不語」を読んでいたら、生首たちが縦横無尽に飛び交うのに驚いた。人間の意識が、死後も滅びることができずに、しゃべりだしたりする。人間の頭部は、魂とも違う感触をもったもので、明確な部位＝首という肉体を持っている分、生々しく恐ろしい。「首」を中心に、倉橋由美子を読んだら面白いだろう。いや倉橋由美子を起点として、多くの文学作品を「首」を持って眺め渡してみたいという欲望にかられる。

さてもう一冊、没後に改版され、文庫となって登場したのが『夢の浮橋』（中公文庫）。著者三十五歳のときの作品で、この後、桂子さんシリーズと呼ばれる、大変魅力のある長編が間を置いて書き継がれていく。『交歓』（新潮文庫）もその一つ。シリーズを支えるclass（人間が生まれながらに持つ「等級」）という概念が、本作にも表れる。

ここ数年、わたしは英国の小説をとても面白く読んでいるが、英国小説にある成熟と洗練、正統と逸脱の味わいも倉橋の作品に通底するものだ。日常の時間をたんたんと重ねて生きていく人間の生の営み。そうしたものを、多くの英国小説は静かな態度で描写する。それは『夢の浮橋』内で引かれた、nil admirari（同書・高遠弘美の「解説」によればラテン語で、何事をも驚嘆せずという意味）という言葉を思い起こさせる。倉橋の作品を身体化したようなキーワードであり、同時に漢詩とも響き合う概念だ。

漢詩について、倉橋は「お茶の味わいのする」「神経を鎮めるとともに大脳を溌溂とさせるという不思議な功徳」があると書き、とりわけ蘇東坡を愛読した。桂子さんシリーズには、確かにお茶のごときまろやかな深みがあるが、しびれるような「毒」もある。そのブレンドの妙味は、英国小説にも漢詩にもない、倉橋由美子にしか出せないものだ。わたしは桂子さんシリーズの文庫続刊を願っている。

終わりの先にある光

一人の作家が死ぬ。作家個人を知らぬ純粋読者（例えばわたし）は、落ち着いて残された作品を眺め渡す。死によって定まった全体の枠を知り、そのなかで、もう一度個々の作品を読み返す。すると、今までばらばらになっていた作品同士が、いつのまにか手をとりあい、響き始め、作品全体を押し広げていくということがある。作家はその個体の死によって、ほんとうに死ぬ場合もあるが、読者のなかで、そうして新しく生き始めることもある。

庄野潤三の場合、あえて死という境界線を引かなくていい。生きているときから、作品相互が響き合い、有機的な球形を少しずつかたちづくっていった、そんな印象がある。繰り返し書かれていく素材があって、それらが、いわば符号となる。繰り返しが誘い水になって、読者を招く。

わたしが最初に読んだのは、おそらく「プールサイド小景」だ。内容のほうは忘れてしまっても、電車の車窓から外を眺めるという「目の位置」だけは残り続けた。

この短編は、冒頭、使い込みによって職を失った男が、事情を知らない子供たちを連れてプールへやってくるところから始まるのである。プールの向こう側には、迂回して走ってくる電車が見える。しかし、小説の終わりに来ると、今度は電車のほうから、プールを眺めるという視点に変わる。そのときプールの水面には男（コーチ）の頭が突き出ていた。

電車のつり革につかまって、車窓から外の風景を眺める。それは長く会社に勤めたことのあるわたしには、身体の奥にしみこんでいる、なんということもない「視点」である。車窓からは実にいろいろなものが見える。空、川、広がる土地、屋根、屋根、屋根。翻る洗濯物、自転車、犬、車、おばあさん、子供。走り去るのは電車のほうだが、人間の生活や風景のほうが、目のなかを走り去っていくようにも錯覚する。

面白いのは、次々と流れ去る風景のなかに、固まりになって残る一瞬があるということだ。それは例えば、踏切の際で待つ一女性の立ち姿であったり、マンションのベランダに放置されたがらくたであったり。その都度、ぱっぱっぱっと目に入ってきた風景の切れ端、つまり、「プールサイド小景」でいう「男の頭」のようなもの。

人が生きている。その事実が誰にも動かせずにそこにあって、それを証明するいくつかの一瞬が、胸のなかに残り続ける。残り続けながら、現物は目の前から消え去り、電車は進む。どんどん進む。残ったもの、それ自体は突出したものではない。平凡な当たり前の光景ばかり。それでも、それを見たときどきの心が、風景のなかの何かと連結して、結束点となり、見る者の孤独な精神に、思いがけない波紋を広げていく。そういう微細な感覚を、わたしは庄野潤三の作品で共有することができた。

このような作品の延長に、晩年の作品を読んだとき、最初、わたしは戸惑った。この正面切っての「ユートピア」を、どう受け取ったらよいのかと。美しい世界である。恵まれた老夫婦とよくできた子供たち、かわいい孫、隣人・知人。動植物とのふれあいがあり、あたたかい気持ち、おいしそうな食べ物のやりとりがある。

『庭の小さなばら』（講談社）には、庭の梅の実を、妻が収穫する話が出てくる。脚立に上り、妻はすべての梅の実をとった。しかし翌朝見たら、実が落ちていた。今度こそ、終わりだろうと思ったら、次の日、また落ちていた。

『庭のつるばら』（新潮社）にある、「英二伯父ちゃんのばら」もそう。枯れたと思っていたら、根が残っていて、思いがけないところに小さな花が開いた。びっくりする。終わった、死んだ、と思ったのに、その先があったんだから。

しかしこんなことは、生きていくなかの、一滴の露ほどのよろこびである。その他九十九パーセントは、辛いこと、嫌なこと、耐えなければならないこと。しかし老夫婦はそれを表現せず、よろこびの結束点ばかりをつなげていく。登場人物たちには内面がないかのよう。すべては万事、うまくいく。

わたしはだんだん、「こたえてくる」。わたしは老いた親を二人だけにしておいて、気になりながら自分の生活で忙しい。この長女のように、いちいち手紙を書いたり、礼状を出したり、顔を出せば何か、仕事のひとつもしてくるというふうではない。しようという気持ちはある。でもしない。できない。ああ、どうしよう。そういう圧力を感じながら、それでもなお、わたしの目は小説を追いかけていく。

なぜだろう。わたしもまた、何かの力によって引き延ばされていく生の、延長線上にあるあの光、終わりの先にあるあの恩寵のような光に、指先を伸ばして触りたいのだろうか。

むかし、何かの用事があって、小田急線「生田駅」を通り過ぎたことがある。そのとき見た風景が今も残っている。いったい、風景やできごとの、何がどういう理由で記憶に残るのか。どれもこれも根拠のないことで、不思議でならないが、あのときわたしは電車のなかから、こんもりとした緑の固まりを見た。その固まりが光に照らされていた。それがぱっと目に入ってきて、わたしを明るくした。

生田と聞くと、あの緑を思い出す。横溢した緑を。大阪から練馬へ、練馬から生田へ。庄野潤三作品の最後の舞台となった土地である。

太宰のなかの少女と風土

一昨年、わたしは初めて、青森県の五所川原という所に行った。ウィーンから帰国したオペラ歌手、アンネット・カズエ・ストゥルナートさんのコンサートが、五所川原の旧家、阿部家で行われるという。縁あって、その案内状が、我が家にも舞い込んだ。

築百年以上になるという阿部家の家屋は、古い柱がいまにも語り始めるような荘厳さで、コンサートを行うために、多くの人が立ち働いていた。演奏は自宅に隣接した米蔵を改造したホールで行われ、米蔵の周囲には、りんごの畑が広がっている。地方の旧家の豊かさというものを、わたしは身にしみて経験し、東京がみすぼらしく思えたほどだった。なにかに敗北したような気持ちにさえ、なったのである。

近くの金木町には、あの太宰治記念館「斜陽館」がある。こちらも同様の、堅牢な豪勢さを持つ建築物だった。土間の間口の広さに驚いたし、使われている木材の、厚みといい、肌ざわりといい、がっしりしていて、津軽人の骨格そのものを思わせる。すごいものだ、こんな家で、たくさんのひとに、かしずかれて育ったのだなあ、太宰は。それは作品とは関係ないことのようだが、一度見たら、もう、思うことなしには読めなくなるようなものであった。

帰路、五所川原の駅に降り立って、シャッターのほとんど降りた商店街を歩いていると、タクシー会社の狭い出入り口から、運転手らしきおじさんが出てきた。わたしははっとした。太宰がいる。鼻が長くて、色が白く、なかなかに目をひく男ぶりだ。優しげなまなざし、剛直そうな口元、そして頭蓋のかたちが、まさに写真で見る、作家にそっくり。

人間は土地の上に立って歩いているが、樹木のように、存在の根を、土地の地面の下に、密かにのばしながら生きているのではないか。

青森生まれを数人知っているが、それはすべて男性なのであるが、みな、なにかの拍子に、あっ、太宰だと思うような表情をする（生きていた太宰を知らないくせに言うが）。人間の顔は風土である。それは地面と地続きのものである。五所川原を歩いて、わたしはそれを実感した。

この旅から帰って、わたしはすぐに『津軽』を読み返した。冒頭から、金木、五所川原、青森、弘前と、なじみのできた地名が、ずらずらとあがる。それが無性にうれしかった。いままで両手で持ち、胸の高さで読んでいた文章が、ただ一度限りとはいえ、土地を歩いたことで、足下にまでおりてきた。わたしはすっと足をふみだし、その上を、がしがしと歩くように彼の文章に入っていけるような気がした。

小説は虚構であり、ここにないどこか、ここにないなにかを、あらしめることであるが、実際の「土地の名」が作品のなかに出てきたとき、ただ想像し、空想しているだけの場合と、一度でもよいから実際に足をおろした場合とでは、その受け取り方に雲泥の差がでる。実感というものを、ここでわたしは馬鹿にしたくない。

『津軽』の冒頭には、「津軽の雪」として、「こな雪／つぶ雪／わた雪／みづ雪／かた雪／ざらめ雪／こほり雪」（「東奥年鑑」より）というのが記されている。こんな子供のような、羅列を読むと、今度は冬の津軽に行ってみたいと思う。

わたしは最近、弘前市に住む男性と、行き違いから諍いをしたが（わたしにはすごく珍しいことだ）、こっちも怒って電話をかけたら（これも珍しいことだ）、またすぐに仲直りができた（これもすごく珍しいこと）。やっかいなひとだな、面白いけどさ。そう思って、『津軽』を開けば、そこには津軽人の頑固さ、繊細さ、剛直さが、みんな書いてあり、またまたうれしくなる。

中学生のとき、わたしは初めて太宰作品を読んだ。『人間失格』という小説であった。なんという嫌らしい、なんという気持ちの悪いことを書く人だろうと思った。まったくの他人が為す嫌らしさなら、自分とは関係がないと、一線を引いて終わらせられるのだが、太宰の嫌らしさ、気持ちの悪さは、自分と繋がっており、認めて公表したくはないが、自分のなかにあるものだと感じられた。中学生なのに、本当にそう思ったのだ。いまも太宰を読む小・中学生のなかには、同じような切実さを感じている子は多いんじゃないかな。わたしは、「葉蔵」を、ほとんど自分の分身のように感じた。

もっとも太宰がこのような作品ばかりを書く人であったのなら、わたしはどこかで、この作家を卒業したのかもしれない。のびやかなこころが羽を広げた、『津軽』のような作品もあるからこそ、わたしはこの作家を読み続ける。

『津軽』のなかではたけと再会する場面が有名だが、何度読んでもすぐに忘れる。なんか、感動的な再会があったんだよね、という程度。実際に、読み返してみると、これはもう、泣かずには読み終えられない場面である。それでわたしは読むたびに泣いている。

学校の運動会に行ったというたけを捜しだし、「修二だ」と言う。「あらあ。」とたけ。二人は何も言わず、並んでござに座り、子供たちの運動会を見る。途中で、たけが、ふと気がついたように、「何か、食べないか」と声をかける。いつもひとの胃袋を忖度するひと、それが母親というものである。

このたけが、大人になった修二のことを、お前、お前と呼ぶのがいい。「手かずもかかったが愛《め》ごくてのう、それがこんなにおとなになって、みな夢のようだ」

子供はいるのか、とか、次々と質問するたけを「私」＝太宰はこう書いている。

「そのように強くて無遠慮な愛情のあらわし方に接して、ああ、私は、たけに似ているのだと思った。きょうだい中で、私ひとり、粗野で、がらっぱちのところがあるのは、この悲しい育ての親の影響だったということに気附いた」

わたしは、『晩年』に収められた「魚服記」の少女、スワを思い出す。津島の家に来たとき、十四歳だったという「たけ」と、滝壺のそばの小屋で父と暮らす、十三の「スワ」が、すっと重なる。

「お父《ど》、おめえ、なにしに生きでるば、くたばった方あ、いいんだに、阿呆、阿呆」

初潮が来たのか、妙に気がたって、父に荒々しい言葉を吐くスワであるが、彼女は最後、小さな鮒となって、滝壺に巻き込まれる。

太宰作品のなかの様々な少女の源には、たけという少女がいるのではないだろうか。いくら齢を重ねても、たけはたけ。幼い太宰を育ててくれた、十四歳のたけなのである。

あとがき

この本には書評と本にまつわるエッセイがおさめてあります。読んでみてと言われて読んでみた本もあれば、自らすすんで取り上げた本もあります。興奮したものもあれば、不満を持った本も。この本につきあってくださった方が、わたしの感想に賛成したり反対したり、にぎやかに読んでくだされば、送り出す身として、たいへんうれしいことです。

いつも一人で、まるで悪徳のように本を読んできました。だからこのごろ、その悪徳を誰かと分け合いたくなるのです。読んでしばらくしてから、「あの本、いい本だったね」と誰かと語りたい。それだけでいい。そのあと、「さよならっ」と別れても、わたしのなかにはその人と、本を通して結びついた記憶が、熾火のように燃え続けます。

本の世界はわたしにとって、子供の頃から、もう一つの生きる場所でした。現実と虚構は、一方を打つと、一方が響くという具合に、強く結びついています。わたしの為した、貧しいながらもあらゆる経験が、本を読むとき、引きずり出されます。わたしが感情移入した登場人物はあまりに多く、もし一同が大広間に会したらと考えると、友達の少ないわたしは、それだけでかなり豊かな気分になります。

日々、よろこびは驚くほど少なく、辛いこと、苦しいこと、面倒なことが、山のようにふりかかってきますが、その多くを、わたしは言葉にすることなく、胸にしまって生きてしまいます。そんなとき、たまたま手にした本に潜む、思いがけない一行が、言葉にしなかったところへ、光のように差し込まれたこともありました。本が読む人を照らしてくれるのです。

わたしは自分が、本のなかに何を読むのかを知りません。本を読む人は迷う人です。いつも迷いながら、何かを探しに、階段を深く降りて行く人です。

『井戸の底に落ちた星』に続き、本書においても、宮脇眞子さんに助けていただきました。頭脳明晰で心穏やか、普段のテンポはゆっくりですが、本のことになると不意に熱くなる。そんな彼女がいなければ、本書は迅速に形になりませんでした。

小池　昌代

二〇一一年六月

2月18日／感動を超える痛烈で荒々しい神秘　「朝日新聞」2007年3月11日／「過程」にやどる説得力　「母の友」2007年12月号／鈍痛なるユーモア　「中央公論」2008年5月号／貪欲に生き抜く五世代の歴史　「日本経済新聞」2008年7月20日／闘いながら生きる命の弾力　（共同通信配信）2008年11月／想像力をはるかに超えた経験の世界へと誘う短編　「中央公論」2008年12月号／詩という異物をはらむ小説「日本経済新聞」2009年6月7日／イタリアの若き物理学者が描く、淡くいびつな恋愛譚　「週刊文春」2009年9月24日／記憶を運ぶ意識の流れ　「日本経済新聞」2011年2月20日／人生に押される、肯定の烙印　「東京人」2007年10月号／ルーマニアの血と土と酒の匂い　「東京人」2010年4月号／複製の概念が「命」を押しつぶす戦慄の小説　「朝日新聞」2006年5月28日／土の匂いのする沈黙に触れて　「波」2006年9月号／ここに「わたし」は、なぜ在るか　「波」2007年4月号／青い闇に走る雷光　「週刊朝日」2008年2月22日／英国北部、四代の女性の人生を懐深く　「週刊朝日」2008年10月10日／被害者か加害者か　「週刊朝日」2009年1月23日／灰だらけの希望に　マッカーシー『ザ・ロード』文庫解説（ハヤカワepi文庫）2010年5月

無が白熱する迫力

想像の起爆力としての「悪」「朝日新聞」2006年8月27日／瑞々しく頑固でやっかいな！　「朝日新聞」2006年10月8日／読書でついた縄目の痕　「母の友」2006年10月号／文法学者の闘う生涯　2007年1月21日／イギリス文学の成熟を味わう「母の友」2007年2月号／悲哀と知性　「中央公論」2008年2月号／文章の奏でる音楽　「母の友」2008年2月号／小説の理解を深め読む喜びを拡大する批評　「中央公論」2008年6月号／肉眼とはこんな眼のこと　「中央公論」2008年9月号／中華まんを食べながら映画を観る　「キネマ旬報」2009年4月号／詩と人格　「東京新聞」2011年1月16日／佐野洋子さんは怖い文章家だった　「フィガロ」2011年2月号／言葉によって引き出される恐怖　「東京人」2008年8月号／すばらしき淫心　「ちくま」2006年11月号／「盗み心」と創作の秘密　「週刊朝日」2009年8月14日／無が白熱する迫力　「図書新聞」2007年9月号

煙草を吸う子供

スワのこと──「失恋したときに読む本」という課題に答えて　「本が好き！」2006年5月号／灰に沈む火箸　「別冊太陽」2011年3月／哀しい鬼　「中央公論」2008年11月号／青い火　「ミセス」2008年1月号／おまえはおまえ　「中日新聞」2010年8月26日／十蘭の匂い　「久生十蘭全集」月報5（国書刊行会）2009年11月／生々しい「狂い」「なごみ」2008年5月号／名水と処女　「なごみ」2008年2月号／煙草を吸う子供　「なごみ」2008年10月号／空白とマラソン　「東京人」2008年1月号／これからの倉橋由美子　「東京人」2010年2月号／終わりの先にある光　「文學界」／2009年12月号／太宰のなかの少女と風土　「図書新聞」2009年4月11日

初出一覧

人と人の間に、釣り糸をおろして
今、ここの「あなた」を認める　「母の友」2007年10月号／密やかな「喪」の作業にある崇高さ　「中央公論」2008年1月号／母との愛憎を描いた壮絶にして菩薩のような本　「中央公論」2008年7月号／優雅に、果敢に、柔らかく　「母の友」2010年3月号／人と人の間に、釣り糸をおろして　「東京人」2007年5月号／もし、わたしたちがあの時代を生きたら　「one hour」2010年8月号／わたしたちの伝記　「東京人」2009年1月号／翻訳と人生　「東京人」2009年11月号／被爆したワンピースに「母の友」2008年9月号／東京ヌード　「なごみ」2008年7月号／川のなかの目　「文藝」2008年夏／小さな意識改革　「中央公論」2008年3月号／木のひと　「なごみ」2008年3月号／この世を眺める方法　「なごみ」2008年1月号／演奏すること、生きること　「なごみ」2008年8月号／海のリズムに育てられて　「なごみ」2008年12月号／アフリカ世界の深奥部へ　「週刊朝日」2010年9月24日号／生々しい顔、顔、顔　「週刊読書人」2010年10月15日／動物になりたかった詩人の眼　「図書新聞」2008年7月19日／ひとの中へ、風景が入り込む　「東京人」2008年6月号／書くこと、ふるさとをなくすこと　「群像」2008年7月号／社会の重圧笑いとばし、たくましく　「朝日新聞」2006年9月3日／文化に眠る女の根本　「母の友」2006年6月号／日本の女が散らす命の火花　「母の友」2006年8月号／秘密読書会で読む「禁制文学」「朝日新聞」10月1日／世界の根本に立っていた人　『石牟礼道子　詩文コレクション6　父』（藤原書店）解説、2010年3月

草をわけ、声がいく
「生命」についてのひとつの思想　「朝日新聞」2006年4月16日／広島にあった「それ以前」「朝日新聞」2006年6月25日／怖くて暗くて懐かしい「胎内小説」「朝日新聞」2006年8月20日／事実と創作　あわいに快楽　（共同通信配信）2007年5月／共存の感触を身に備えた人々　「中央公論」2008年4月号／人間という「どうぶつ」「週刊文春」2006年11月23日号／犬になる経験　「週刊現代」2007年11月17日号／「花」の体現　「すばる」2007年8月号／いびつと無垢　（共同通信配信）2007年10月／静人のなかに透ける「悪」「中央公論」2009年3月号／父を発見する「日本経済新聞」2009年11月22日／死と生の「対話」（共同通信配信）2010年4月／絶えずほどかれ、無に返る言葉　「日本経済新聞」2010年11月21日／繊細で強靭な音楽小説　「産経新聞」2010年12月19日／都市の地霊　「週刊読書人」2006年10月20日／空港から湧く声　「図書新聞」2009年10月17日／「読み込む」よろこび　「週刊読書人」2010年1月22日／深みへ、降りる靴音　「群像」2006年6月号／神よ、仏よ、大動脈瘤　「群像」／2009年5月号／躍動する明治——恋と革命と戦争と　「群像」2009年9月号／昭和の筋肉　「新潮」2010年10月号／草をわけ、声がいく　「新潮」2011年3月号

灰だらけの希望に
奇跡の渦巻き　「朝日新聞」2006年11月19日／成熟した大人の冷たいあたたかさ「母の友」2006年12月号／「わたし」の核と核を結ぶ精神の旅　「朝日新聞」2007年

著者略歴

（こいけ・まさよ）

1959年東京深川生まれ．詩人．著書に，詩集『永遠に来ないバス』（1997，思潮社・現代詩花椿賞），『もっとも官能的な部屋』（1999，書肆山田・高見順賞），『夜明け前十分』（2001，思潮社），『雨男，山男，豆をひく男』（2001，新潮社），現代詩文庫『小池昌代詩集』（2003，思潮社），『対詩　詩と生活』（四元康祐と．2005，思潮社），『地上を渡る声』（2006，書肆山田），『ババ，バサラ，サラバ』（2008，本阿弥書店・小野十三郎賞），『コルカタ』（2010，思潮社・萩原朔太郎賞），小説『感光生活』（2004，筑摩書房），『ルーガ』（2005，講談社），『裁縫師』（2007，角川書店），『タタド』（2007，新潮社・川端康成文学賞），『ことば汁』（2008，中央公論新社），『怪訝山』（2010，講談社），『わたしたちはまだ，その場所を知らない』（2010，河出書房新社），『弦と響』（2011，光文社），エッセイ『屋上への誘惑』（2001，岩波書店・講談社エッセイ賞），『黒雲の下で卵をあたためる』（2005，岩波書店），『井戸の底に落ちた星』（2006，みすず書房），編著『通勤電車でよむ詩集』（2009，ＮＨＫ生活人新書）他多数．「絵本　かがやけ・詩」シリーズ（全５巻，2007，2008，あかね書房）等，絵本の執筆，翻訳も手がける．

小池昌代

文字の導火線

2011年 6 月 28 日　印刷
2011年 7 月 8 日　発行

発行所 株式会社 みすず書房
〒113-0033 東京都文京区本郷 5 丁目 32-21
電話 03-3814-0131(営業) 03-3815-9181(編集)
http://www.msz.co.jp

本文印刷所 萩原印刷
扉・表紙・カバー印刷所 栗田印刷
製本所 誠製本

Printed in Japan
ISBN 978-4-622-07622-3
[もじのどうかせん]